POTPUNA KUHARICA O MASLAČKU

Istražite divlju stranu kuhinje uz 100 zdravih recepata s maslačkom

Mara Franjić

Materijal autorskih prava ©2024

Sva prava pridržana

Nijedan dio ove knjige ne smije se koristiti ili prenositi u bilo kojem obliku ili na bilo koji način bez odgovarajućeg pisanog pristanka izdavača i vlasnika autorskih prava, osim kratkih citata korištenih u recenziji. Ovu knjigu ne treba smatrati zamjenom za medicinske, pravne ili druge stručne savjete.

SADRŽAJ

SADRŽAJ **3**
UVOD **6**
DORUČAK **7**
1. FRITATA OD MASLAČKA S KOZJIM SIROM 8
2. PALAČINKE OD MASLAČKA 10
3. ZELENI MASLAČAK S PORILUKOM I JAJIMA 12
4. HAŠ OD MASLAČKA I KRUMPIRA 14
5. ZELENI OMLET OD MASLAČKA 16
6. ZELENA SALATA ZA DORUČAK OD MASLAČKA 18
7. BURRITO ZA DORUČAK SA ZELENIM MASLAČKOM 20
8. MASLAČAK GREEN BREAKFAST HASH 22
9. MASLAČAK ZELENI SENDVIČ ZA DORUČAK 24
10. SALATA OD JAJA OD MASLAČKA 26

ČAJ **28**
11. ČAJ OD CVIJETA MASLAČKA 29
12. ČAJ OD CRVENE DJETELINE I MASLAČKA 31
13. ČAJ OD EHINACEJE I KORIJENA 33
14. ČAJ OD KORIJENA MASLAČKA 35
15. BLJESKALICE MJEŠAVINA ČAJA 37
16. ČAJ OD MASLAČKA I ČIČKA 39
17. DETOX ČAJ OD MASLAČKA I ĐUMBIRA 41
18. MASLAČAK-MENTA LEDENI ČAJ 43
19. DETOX ČAJ OD MASLAČKA I LIMUNA 45
20. ČAJ OD CVIJETA MASLAČKA I NARANČE 47
21. ZAČINSKI ČAJ OD MASLAČKA I CIMETA 49

KRUHOVI **51**
22. BANANA KRUH OD MASLAČKA 52
23. KRUH S CVIJETOM MASLAČKA 54
24. KUKURUZNI KRUH OD MASLAČKA 56
25. PŠENIČNI KRUH OD MASLAČKA I MEDA 58
26. KRUH OD MASLAČKA I CHEDDAR SIRA 60
27. KRUH OD MASLAČKA I LIMUNA I MAKA 62
28. KRUH OD MASLAČKA I ORAHA 64
29. RAŽENI KRUH OD MASLAČKA 66

GLICASE I PREDJELA **68**
30. ENERGETSKE PLOČICE SJEMENKI KOPRIVE I CVIJETA MASLAČKA 69
31. POPEČCI OD CVIJETA MASLAČKA 71
32. PUNJENI LISTOVI GROŽĐA S ZELENJEM 73
33. ČIPS OD MASLAČKA 75
34. PESTO CROSTINI OD MASLAČKA 77
35. HUMUS OD MASLAČKA 79

36. Puffs od maslačka 81
37. Tortice od maslačka i kozjeg sira 83
38. Bruskete od maslačka i slanine 85
39. Maslačak i ricotta punjeni gljivama 87
40. Maslačak i feta filo trokuti 89
GLAVNO JELO 91
41. Lazanje od maslačka 92
42. Rezanci s jajima od maslačka 95
43. Pljeskavice od maslačka 97
44. Maslačak i krumpir sa sirom 99
45. Pesto tjestenina od maslačka 101
46. Rižoto od maslačka i gljiva 103
47. Quiche od maslačka 105
48. Torta od maslačka i kozjeg sira 107
SALATE 109
49. Od maslačka s preljevom od Açaí bobica 110
50. Salata od maslačka i choriza 112
51. Salata od maslačka 114
52. Salata od pečene patipane 116
53. Salata od staklenki od rajčice, krastavaca, bundeve i maslačka 119
54. Salata od slanutka, rajčice i paprike u staklenci 121
55. Salata od zelja, mrkve, cikle i cherry rajčica 123
56. Salata od paradajza, piletine, krastavaca, maslačka u tegli 125
57. Salata od kus-kusa, piletine i maslačka 127
58. Salata od tjestenine od maslačka 129
59. Uvelo zelje maslačka sa slaninom 131
JUHE 133
60. Juha od maslačka i krumpira 134
61. Od jastoga i maslačka s popečcima 136
62. Veganska juha od kostiju u sporom kuhanju 138
63. Curry od maslačka i slanutka 140
64. Krem juha od maslačka 142
65. Juha od pupoljaka od graška i maslačka 144
66. Juha od bundeve i maslačka 146
DESERT 148
67. Jagoda Bavarois sa želeom od čička 149
68. Nizozemska kukuruzna pita sa zelenilom maslačka 152
69. Torta u cvijetu maslačka 154
70. Kolačići od šifona od maslačka 156
71. Kolačići od maslačka od kikirikija 158
72. Kolačići od latica maslačka i limuna s keljom i limunom 160
73. Kolačići od prhkog tijesta od maslačka 162
74. Baklava od maslačka 164

75. MEDENI KOLAČ OD MASLAČKA 166
76. MASLAČAK LIMUN PLOČICE 168
ZAČINI 170
77. MARMELADA OD MASLAČKA 171
78. PESTO OD SVJEŽEG MASLAČKA 173
79. SIRUP OD CVIJETA MASLAČKA 175
80. ŽELE OD MASLAČKA S MEDOM 177
81. GORUŠICA OD MASLAČKA 180
82. VINAIGRETTE OD MASLAČKA 182
83. ŽELE OD MASLAČKA 184
84. PESTO OD BUČINIH SJEMENKI MASLAČKA 186
85. MASLAČAK MED MASLAC 188
86. MASLAČAK CHIMICHURRI 190
87. OCAT OD CVIJETA MASLAČKA 192
88. SLOŽENI MASLAC OD LATICA MASLAČKA 194
SMOTHIJI I KOKTELI 196
89. ČAJ OD MASLAČKA 197
90. PIVO OD MASLAČKA I ČIČKA 199
91. SOK OD VRTNOG ZELENILA 201
92. SMOOTHIE S MASLAČKOM I BOSILJKOM 203
93. STILL ROOM AMARO 205
94. LIŠĆE ARTIČOKE I SOK OD KOMORAČA 208
95. ZAČINJENI MOKTEL OD ANANASA I RIKULE 210
96. LIMUNADA OD MASLAČKA 212
97. BRADBURY VINO OD MASLAČKA 214
98. MINTY GREEN RASPBERRY SMOOTHIE 216
99. ZAČINJENI SOK OD ZELENILA MASLAČKA 218
100. UKUSAN TROPSKI SMOOTHIE 220
ZAKLJUČAK 222

UVOD

Dobro došli u "POTPUNA KUHARICA O MASLAČKU", gdje se upuštamo u kulinarsku avanturu da istražimo divlju stranu kuhinje sa 100 zdravih recepata sa skromnim, ali svestranim maslačkom. Često zanemaren kao obični korov, maslačak je riznica kulinarskog potencijala, koja nudi obilje okusa i hranjivih tvari koje čekaju da budu otključane. U ovoj kuharici slavimo ljepotu i obilje maslačka, prikazujući njihovu kulinarsku svestranost i dobrobiti za zdravlje u raznolikom nizu recepata.

U ovoj kuharici otkrit ćete širok raspon recepata koji ističu jedinstvene okuse i nutritivne prednosti maslačka. Od živih salata i izdašnih juha do slanih glavnih jela i slatkih poslastica, svaki recept prikazuje svestranost ovog često podcijenjenog sastojka. Bilo da tražite maslačak u svom dvorištu ili ga nabavljate na lokalnoj tržnici, ova kuharica nudi ukusne načine da ih uključite u svoj kulinarski repertoar.

Ono po čemu se "POTPUNA KUHARICA O MASLAČKU" izdvaja je njezin fokus na zdravo, održivo kuhanje. Maslačci nisu samo ukusni, već su i nevjerojatno hranjivi, prepuni vitamina, minerala i antioksidansa. Uključujući ih u svoje obroke, ne samo da ćete proširiti svoje kulinarske horizonte, već ćete i iskoristiti zdravstvene dobrobiti ove hranjive supernamirnice. Bilo da slijedite biljnu prehranu, istražujete divlje tragove za hranom ili jednostavno želite dodati više raznolikosti svojim obrocima, maslačak je dobrodošao dodatak svakoj kuhinji.

U ovoj kuharici pronaći ćete praktične savjete za berbu i pripremu maslačka, kao i zapanjujuće fotografije koje će vas inspirirati za vaše kulinarske kreacije. Bilo da ste iskusni kuhar ili znatiželjni domaći kuhar, "Cjelovita kuharica maslačka" poziva vas da prigrlite divlju stranu kuhinje i otkrijete ukusne mogućnosti ovog skromnog, ali svestranog sastojka.

DORUČAK

1. Fritata od maslačka s kozjim sirom

SASTOJCI:
- 8 jaja
- ½ šalice mlijeka
- ½ žličice soli
- ½ žličice svježe mljevenog crnog papra
- 1 žlica neslanog maslaca ili maslinovog ulja
- 1 srednja glavica luka, nasjeckana
- 2 šalice nasjeckanih listova maslačka
- 1 srednja rajčica
- 4 unce kozjeg sira, izmrvljenog

UPUTE:
a) Zagrijte pećnicu na 350°F.
b) U zdjeli umutite jaja, mlijeko, sol i papar. Staviti na stranu.
c) Zagrijte tavu od 10 inča prikladnu za pećnicu na srednje niskoj temperaturi. Dodajte maslac u tavu.
d) Dodajte luk i polako kuhajte dok ne postane proziran, oko 5 minuta. Dodajte nasjeckane listove maslačka i kuhajte još minutu-dvije.
e) Prerežite rajčicu na pola, ocijedite (i odbacite) sjemenke i pulpu te nasjeckajte na komade veličine zalogaja.
f) Smjesu jaja prelijte na kuhani luk i maslačak. Kuhajte dok se rubovi ne počnu odmicati od stijenki posude, oko 6 minuta.
g) Ravnomjerno pospite nasjeckanu rajčicu i kozji sir po vrhu fritaje i pecite oko 15 minuta ili dok se jaja ne stvrdnu.
h) Izvadite fritaju iz pećnice pomoću rukavica i ostavite da odstoji na ploči štednjaka 5 minuta prije rezanja.
i) Izrežite na kriške i odmah poslužite. Ostaci su izvrstan lunch paket, podgrijan ili poslužen hladan.

2.Palačinke od maslačka

SASTOJCI:
- 1 šalica latica maslačka
- 1 šalica smjese za palačinke
- 1 šalica mlijeka
- 2 jaja
- Maslac za kuhanje

UPUTE:
a) Zamijesite tijesto za palačinke prema uputama na pakiranju.
b) Nježno umiješajte 1 šalicu latica maslačka.
c) Pecite palačinke na ringli s maslacem dok ne porumene.
d) Poslužite sa sirupom ili medom.

3.Zeleni maslačak s porilukom i jajima

SASTOJCI:

- 4 šalice nasjeckanog zelenila maslačka, uklonjene debele stabljike (oko 1-2 velika grozda)
- 2 žlice neslanog maslaca, pročišćenog maslaca ili gheeja
- 1 veći poriluk, samo bijele i svijetlo zelene dijelove, sitno nasjeckan
- 4 velika jaja
- 1/4 šalice izmrvljenog feta sira

UPUTE:

a) Zakuhajte veliki lonac posoljene vode. Dodajte nasjeckani list maslačka i blanširajte 1 do 2 minute. Zelenje temeljito ocijedite, drvenom žlicom ocijedite i istisnite što više tekućine.

b) Otopite maslac ili ghee u tavi od 10 inča postavljenoj na srednju vatru. Pirjajte poriluk dok ne omekša, oko 5 minuta, povremeno miješajući. Dodajte jednu po jednu šaku ocijeđenog lišća maslačka. Kuhajte svaku šaku dok ne uvene, a zatim dodajte još.

c) Kad zelje uvene, razbijte jaja u tavu na zelje.

d) Prelijte feta sirom i kuhajte nepoklopljeno dok se bjelanjci ne stvrdnu, oko 5 minuta.

4. Haš od maslačka i krumpira

SASTOJCI:
- 2 šalice krumpira narezanog na kockice
- 1 šalica nasjeckanog svježeg lišća maslačka, opranog
- 1/2 luka narezanog na kockice
- 2 češnja češnjaka, mljevena
- 2 žlice maslinovog ulja
- Posolite i popaprite po ukusu
- Po želji: kuhana slanina ili kobasica, narezana na kockice

UPUTE:
a) Zagrijte maslinovo ulje u tavi na srednje jakoj vatri. Dodajte krumpire narezane na kockice i kuhajte dok ne počnu smeđiti i hrskavi na rubovima, povremeno miješajući, oko 10-12 minuta.
b) U tavu s krumpirom dodajte luk nasjeckan na kockice i nasjeckan češnjak. Kuhajte dok luk ne postane proziran, oko 3-4 minute.
c) Umiješajte nasjeckano zelenje maslačka i kuhanu slaninu ili kobasicu (ako koristite). Kuhajte još 2-3 minute dok zelje ne uvene.
d) Začinite solju i paprom po ukusu. Poslužite vruće kao obilan doručak ili užinu.

5.Zeleni omlet od maslačka

SASTOJCI:
- 2 jaja
- 1 šalica nasjeckanog zelenila maslačka
- 1/4 šalice luka narezanog na kockice
- 1/4 šalice paprike narezane na kockice
- Posolite i popaprite po ukusu
- 1 žlica maslinovog ulja

UPUTE:
a) Zagrijte maslinovo ulje u tavi na srednje jakoj vatri.
b) Dodajte luk i papriku nasjeckanu na kockice, pirjajte dok ne omekšaju.
c) Dodajte nasjeckani list maslačka u tavu i kuhajte dok ne uvene.
d) U zdjeli umutiti jaja sa soli i paprom.
e) Umućenim jajima prelijte pirjano povrće u tavi.
f) Kuhajte dok se omlet ne stegne, zatim okrenite i kuhajte još minutu.
g) Poslužite vruće uz dodatak tosta ili svježeg voća.

6. Zelena salata za doručak od maslačka

SASTOJCI:
- 2 šalice miješane zelene salate (uključujući zelenu maslačku)
- 2 tvrdo kuhana jaja, narezana na ploške
- 1/4 šalice cherry rajčica, prepolovljenih
- 1/4 šalice narezanog krastavca
- 1/4 avokada, narezanog
- 2 kriške kuhane slanine, izmrvljene
- 2 žlice balzamičnog vinaigreta ili preljeva po vašem izboru

UPUTE:
a) Na tanjur posložite miješanu zelenu salatu.
b) Povrh stavite narezana tvrdo kuhana jaja, cherry rajčice, narezani krastavac, kriške avokada i izmrvljenu slaninu.
c) Prelijte balsamico vinaigrette preko salate.
d) Poslužite odmah kao hranjivu i zadovoljavajuću salatu za doručak.

7. Burrito za doručak sa zelenim maslačkom

SASTOJCI:
- 2 velike tortilje od brašna
- 4 jaja, umućena
- 1 šalica nasjeckanog zelenila maslačka
- 1/2 šalice crnog graha, ocijeđenog i ispranog
- 1/4 šalice naribanog sira
- Salsa i kriške avokada za posluživanje

UPUTE:
a) Zagrijte veliku tavu na srednje jakoj vatri.
b) Zagrijte tortilje od brašna u tavi oko 30 sekundi sa svake strane.
c) Izvadite tortilje iz tave i ostavite sa strane.
d) U istu tavu dodajte nasjeckani list maslačka i pirjajte dok ne uvene.
e) U šerpu dodajte umućena jaja i crni grah, te kuhajte dok se jaja ne stegne.
f) Žlicom stavljajte smjesu od jaja na zagrijane tortilje.
g) Preko nadjeva pospite naribani sir.
h) Zarolajte tortilje kako biste oblikovali buritose.
i) Poslužite sa salsom i kriškama avokada sa strane.

8. Maslačak Green Breakfast Hash

SASTOJCI:
- 2 žlice maslinovog ulja
- 2 šalice krumpira narezanog na kockice
- 1/2 šalice luka narezanog na kockice
- 1 šalica nasjeckanog zelenila maslačka
- 4 jaja
- Posolite i popaprite po ukusu

UPUTE:
a) Zagrijte maslinovo ulje u velikoj tavi na srednje jakoj vatri.
b) Dodajte krumpir narezan na kockice u tavu i kuhajte dok ne porumeni i postane hrskav.
c) U tavu dodajte luk nasjeckan na kockice i nasjeckano zelenje maslačka i kuhajte dok zelenje ne uvene.
d) Napravite četiri udubljenja u mješavini hašiša i u svako razbijte jaje.
e) Kuhajte dok jaja ne postanu pečena po želji.
f) Začinite solju i paprom po ukusu.
g) Poslužite vruće, ravno iz tave.

9. Maslačak zeleni sendvič za doručak

SASTOJCI:
- 2 engleska muffina, podijeljena i tostirana
- 4 jaja, pečena ili kajgana
- 1 šalica nasjeckanog zelenila maslačka
- 4 kriške kuhane slanine ili pureće slanine
- 1/4 šalice naribanog sira
- Posolite i popaprite po ukusu

UPUTE:
a) Stavite kuhana jaja na donje polovice tostiranih engleskih muffina.
b) Svako jaje pospite nasjeckanim zelenilom maslačka, kriškom kuhane slanine i naribanim sirom.
c) Začinite solju i paprom po ukusu.
d) Stavite gornje polovice engleskih muffina preko nadjeva kako biste oblikovali sendviče.
e) Poslužite odmah za obilan doručak u pokretu.

10. Salata od jaja od maslačka

SASTOJCI:
- 4 tvrdo kuhana jaja
- 2/3 šalice zelenila maslačka, nasjeckanog i kuhanog
- 1 žličica hrena
- 1 žlica svježeg vlasca
- ½ šalice majoneze

UPUTE:
a) Jaja krupno nasjeckajte.
b) Dodajte zelje maslačka, vlasac i hren. Lagano promiješajte.
c) Dodati majonezu i izmiksati tek toliko da prekrije sastojke.

ČAJ

11. Čaj od cvijeta maslačka

SASTOJCI:
- 1/4 šalice cvijeta maslačka s
- 500 ml kipuće vode
- 1/2 t žličice meda
- Sok od limuna

UPUTE:
a) Vrške cvjetova maslačka stavite u čajnik.
b) Prokuhajte vodu i vrelom vodom prelijte cvjetove maslačka.
c) Ostavite da se uliti 5 minuta.
d) Procijedite cvjetove.

12. Čaj od crvene djeteline i maslačka

SASTOJCI:
- 1/4 šalice svježe crvene djeteline
- Cvjetovi, s nekoliko listova
- Limun
- Med
- Listovi svježe metvice
- Nekoliko listova maslačka

UPUTE:
a) Stavite cvjetove i listove u čajnik.
b) Napunite kipućom vodom, poklopite i kuhajte 10 minuta da se ulije.
c) Procijedite u šalicu, dodajte kolut limuna i zasladite medom.

13. Čaj od ehinaceje i korijena

SASTOJCI:
- 1 dio korijena echinacea purpurea
- 1-dijelni pau d'arco
- 1 dio sirovog korijena maslačka, pečenog
- 1 dio kore sarsaparille
- 1 dio kore cimeta
- 1 dio korijena đumbira
- 1-dio korijena čička
- 1 dio kore sasafrasa
- prstohvat stevije

UPUTE:
a) Stavite sve biljke u vrećicu čaja, stavite u šalicu i prelijte kipućom vodom.
b) Kuhajte 10 minuta.
c) Izvadite vrećicu čaja i dodajte zaslađivač.

14. Čaj od korijena maslačka

SASTOJCI:
- 1-dijelni sibirski ginseng
- 1 dio korijena maslačka
- 1-dio koprive
- Po 1 dio korijena bijelog sljeza i čička
- 1 dio svake bobice gloga i palme
- 1-dio sjemenki komorača
- 1-dio divlje zobi
- prstohvat stevije

UPUTE:
a) Stavite sve biljke u vrećicu čaja , stavite u šalicu i prelijte kipućom vodom.
b) Kuhajte 10 minuta.
c) Izvadite vrećicu čaja i dodajte zaslađivač.

15. Bljeskalice Mješavina čaja

SASTOJCI:
- 1-dio kadulje
- 1-dio matičnjaka
- 1-dijelni maslačak
- 1 dio slanine i listova ljubičice
- 1 dio cvjetova bazge i zobene slame

UPUTE:
a) Stavite sve biljke u vrećicu čaja .
b) Stavite u šalicu i prelijte kipućom vodom.
c) Kuhajte 10 minuta.
d) Izvadite vrećicu čaja i dodajte zaslađivač.
e) Dodajte med i limun.

16. Čaj od maslačka i čička

SASTOJCI:
- 1 žličica lišća maslačka
- 1 žličica lišća čička
- 1 žličica biljke čivca
- 1 žličica cvjetova crvene djeteline

UPUTE:
a) Stavite sve sastojke u čajnik, prelijte kipućom vodom, ostavite da odstoji 15 minuta i poslužite.
b) Pijte toplo ili hladno tijekom dana.

17. Detox čaj od maslačka i đumbira

SASTOJCI:
- 1 žlica suhog korijena maslačka
- 1 žličica naribanog svježeg đumbira
- 1 šalica vode

UPUTE:
a) U malom loncu zakuhajte vodu.
b) U kipuću vodu dodajte sušeno korijenje maslačka i naribani đumbir.
c) Smanjite vatru i ostavite da lagano kuha 10-15 minuta.
d) Procijedite čaj u šalicu.
e) Po želji dodajte malo meda ili limunovog soka za slatkoću.
f) Poslužite vruće kao čaj za detoksikaciju i osvježenje.

18. Maslačak-menta ledeni čaj

SASTOJCI:
- 2 žlice suhih listova maslačka
- 1 žlica osušenih listova mente
- 2 šalice vode
- Kocke leda
- Med ili zaslađivač (po želji)

UPUTE:
a) U loncu zakuhajte vodu.
b) U kipuću vodu dodajte osušene listove maslačka i listove metvice.
c) Maknite s vatre i ostavite da se kuha 10-15 minuta.
d) Procijedite čaj u vrč i ostavite da se ohladi na sobnoj temperaturi.
e) Kad se čaj ohladi, stavite ga u hladnjak dok se ne ohladi.
f) Poslužite preko kockica leda uz dodatak meda ili zaslađivača po želji.
g) Ukrasite listićima svježe mente za dodatnu svježinu.
h) Uživajte u svom osvježavajućem ledenom čaju od maslačka i mente tijekom vrućeg dana.

19.Detox čaj od maslačka i limuna

SASTOJCI:
- 1 žlica suhog korijena maslačka
- 1 žlica osušenih listova maslačka
- 1 limun, tanko narezan
- 2 šalice vode

UPUTE:
a) U malom loncu pomiješajte vodu, sušeno korijenje maslačka i sušeno lišće maslačka.
b) Zakuhajte smjesu, zatim smanjite vatru i kuhajte 10-15 minuta.
c) Maknite s vatre i procijedite čaj u šalicu.
d) Dodajte nekoliko kriški limuna u čaj.
e) Po želji dodajte med ili javorov sirup za slatkoću.
f) Dobro promiješajte i uživajte u ovom osvježavajućem i detoksicirajućem čaju od maslačka i limuna.

20.Čaj od cvijeta maslačka i naranče

SASTOJCI:
- 1 žlica suhih cvjetova maslačka
- 1 žlica suhih latica cvijeta naranče
- 2 šalice vode

UPUTE:
a) U loncu zakuhajte vodu.
b) U kipuću vodu dodajte suhe cvjetove maslačka i suhe latice cvjetova naranče.
c) Smanjite vatru i ostavite da lagano kuha 5-10 minuta.
d) Procijedite čaj u šalicu.
e) Po želji dodajte krišku svježe naranče za dodatni okus i ukras.
f) Poslužite vruće i uživajte u nježnim i cvjetnim notama čaja od maslačka i cvijeta naranče.

21.Začinski čaj od maslačka i cimeta

SASTOJCI:
- 1 žlica suhog korijena maslačka
- 1 štapić cimeta
- 2 šalice vode

UPUTE:
a) U malom loncu pomiješajte vodu, sušeno korijenje maslačka i štapić cimeta.
b) Zakuhajte smjesu, zatim smanjite vatru i kuhajte 10-15 minuta.
c) Maknite s vatre i procijedite čaj u šalicu.
d) Po želji dodajte malo mljevenog cimeta za dodatni začin.
e) Dobro promiješajte i uživajte u toplim i ugodnim okusima začinskog čaja od maslačka i cimeta.

KRUHOVI

22. Banana kruh od maslačka

SASTOJCI:
- 1 velika zrela banana
- 1 1/4 šalice nebijeljenog brašna
- 1/2 šalice maslinovog ulja
- 1/3 šalice svježe ubranih latica cvjetova maslačka
- 1 jaje
- 1 žličica praška za pecivo
- 1/3 šalice smeđeg šećera
- 1/2 žličice sode bikarbone

UPUTE:
a) Zgnječite bananu; zatim dodajte ulje, jaje i šećer, dobro promiješajte. Umiješajte brašno, cvjetove maslačka, prašak za pecivo i sodu bikarbonu te ručno miješajte dok se sve savršeno ne sjedini. (Po želji dodajte malo nasjeckanih oraha ili komadića čokolade.)
b) Pomoću gumene lopatice grabite u podmazanu posudu za pečenje štruce (kruha).
c) Pecite na 350° F 20-25 minuta.
d) Provjerite nakon 20 minuta umetanjem noža – ako izađe čist, gotovo je.

23.Kruh s cvijetom maslačka

SASTOJCI:
- 1/4 šalice ulja
- 2 šalice brašna
- 2 žličice praška za pecivo
- 4 žlice meda
- 1/2 žličice soli
- 1 jaje
- 1 šalica cvjetova maslačka, odstranjenih svih zelenih čašica i listova
- 1 1/2 šalice mlijeka

UPUTE:
a) Pomiješajte suhe sastojke u velikoj zdjeli, uključujući latice, pazeći da odvojite nakupine latica.
b) U posebnoj zdjeli pomiješajte mlijeko, med, ulje razmućeno jaje.
c) Dodajte tekućinu u suhu smjesu. Tijesto bi trebalo biti prilično mokro i grudasto.
d) Ulijte u maslacem namazan kalup za kruh ili muffine.
e) Pecite na 400F. Za muffine 20-25 min, kruh za kruh i do duplo duže. Testirajte spremnost.

24. Kukuruzni kruh od maslačka

SASTOJCI:
- 1 šalica bijelog brašna
- 1 šalica kukuruznog brašna
- 2 žličice praška za pecivo
- ¾ žličice sode bikarbone
- 1 žličica soli
- 2 velika jaja
- ½ šalice sirupa od cvijeta maslačka (ili meda)
- ¼ šalice ulja ili maslaca
- 1 šalica mlijeka (mlaćenica je najbolja)
- 1 šalica latica cvjetova maslačka

UPUTE:
a) Pomiješajte suhe sastojke.
b) Dodajte sve ostale sastojke i miješajte dok ne postane glatko.
c) Ulijte tijesto u tavu 9×9 ili tavu od lijevanog željeza od 10 inča.
d) Pecite na 375° 25 minuta.
e) Poslužite vruće s maslacem i sirupom od cvijeta maslačka.

25.Pšenični kruh od maslačka i meda

SASTOJCI:

- 2 šalice višenamjenskog brašna
- 1 šalica integralnog pšeničnog brašna
- 1/4 šalice meda
- 1 žlica aktivnog suhog kvasca
- 1 žličica soli
- 1 šalica latica maslačka (očišćenih i sitno nasjeckanih)
- 1 šalica tople vode
- 2 žlice maslinovog ulja

UPUTE:

a) U velikoj zdjeli za miješanje pomiješajte toplu vodu, med i aktivni suhi kvasac. Ostavite da odstoji 5-10 minuta dok ne postane pjenasto.
b) U smjesu s kvascem dodajte maslinovo ulje, sol i nasjeckane latice maslačka.
c) Postupno dodajte višenamjensko brašno i brašno od cjelovitog zrna pšenice, dobro miješajte dok se ne dobije tijesto.
d) Mijesite tijesto na pobrašnjenoj površini oko 5-7 minuta dok ne bude glatko i elastično.
e) Stavite tijesto u namašćenu zdjelu, pokrijte čistim ručnikom i ostavite da se diže na toplom mjestu 1-2 sata ili dok se ne udvostruči.
f) Izbušite tijesto i oblikujte ga u štrucu. Pogaču stavite u podmazan kalup za pečenje.
g) Štrucu pokrijte čistim ručnikom i ostavite da se diže još 30-45 minuta.
h) Zagrijte pećnicu na 375°F (190°C). Pecite kruh 30-35 minuta ili dok ne porumeni.
i) Izvadite iz pećnice i ostavite da se ohladi prije rezanja. Uživajte u svom domaćem pšeničnom kruhu od maslačka i meda!

26.Kruh od maslačka i cheddar sira

SASTOJCI:

- 3 šalice višenamjenskog brašna
- 1 žlica praška za pecivo
- 1 žličica soli
- 1/4 šalice šećera
- 1 šalica nasjeckanog cheddar sira
- 1 šalica zelenila maslačka (očišćenog i sitno nasjeckanog)
- 1 jaje
- 1 šalica mlijeka
- 1/4 šalice biljnog ulja

UPUTE:

a) Zagrijte pećnicu na 350°F (175°C). Namastite kalup za kruh i ostavite sa strane.
b) U velikoj zdjeli za miješanje pomiješajte brašno, prašak za pecivo, sol i šećer.
c) Umiješajte nasjeckani cheddar sir i nasjeckano zelenje maslačka dok se dobro ne sjedini.
d) U posebnoj zdjeli umutite jaje, a zatim dodajte mlijeko i biljno ulje. Dobro promiješajte.
e) Ulijte mokre sastojke u suhe sastojke i miješajte dok se ne sjedine.
f) Ulijte tijesto u pripremljeni kalup za kruh i ravnomjerno ga rasporedite.
g) Pecite 45-50 minuta ili dok čačkalica zabodena u sredinu ne izađe čista.
h) Izvadite iz pećnice i ostavite da se ohladi u tavi 10 minuta prije nego što je prebacite na rešetku da se potpuno ohladi. Narežite i poslužite svoj kruh od maslačka i cheddar sira topao ili na sobnoj temperaturi.

27.Kruh od maslačka i limuna i maka

SASTOJCI:

- 2 šalice višenamjenskog brašna
- 1 žlica praška za pecivo
- 1/2 žličice soli
- Korica od 1 limuna
- 1/4 šalice maka
- 1/2 šalice šećera
- 1/4 šalice otopljenog maslaca
- 1/4 šalice soka od limuna
- 1/2 šalice mlijeka
- 2 jaja
- 1 šalica latica maslačka (očišćenih i sitno nasjeckanih)

UPUTE:

a) Zagrijte pećnicu na 350°F (175°C). Namastite kalup za kruh i ostavite sa strane.
b) U velikoj zdjeli za miješanje pomiješajte brašno, prašak za pecivo, sol, limunovu koricu, mak i šećer.
c) U posebnoj zdjeli pjenasto izmiješajte otopljeni maslac, limunov sok, mlijeko i jaja.
d) Ulijte mokre sastojke u suhe sastojke i miješajte dok se ne sjedine.
e) Nježno umiješajte nasjeckane latice maslačka.
f) Ulijte tijesto u pripremljeni kalup za kruh i ravnomjerno ga rasporedite.
g) Pecite 45-50 minuta ili dok čačkalica zabodena u sredinu ne izađe čista.
h) Izvadite iz pećnice i ostavite da se ohladi u tavi 10 minuta prije nego što je prebacite na rešetku da se potpuno ohladi. Narežite i poslužite svoj kruh od maslačka i limuna i maka.

28. Kruh od maslačka i oraha

SASTOJCI:
- 2 šalice višenamjenskog brašna
- 1 žličica praška za pecivo
- 1/2 žličice sode bikarbone
- 1/4 žličice soli
- 1/2 šalice šećera
- 1/4 šalice otopljenog maslaca
- 1 jaje
- 1 šalica mlaćenice
- 1/2 šalice nasjeckanih oraha
- 1/2 šalice nasjeckanih latica maslačka

UPUTE:
a) Zagrijte pećnicu na 350°F (175°C). Namastite kalup za kruh i ostavite sa strane.
b) U velikoj zdjeli za miješanje pomiješajte brašno, prašak za pecivo, sodu bikarbonu, sol i šećer.
c) U posebnoj zdjeli pjenasto izmiješajte otopljeni maslac, jaje i mlaćenicu.
d) Postupno dodajte mokre sastojke suhim sastojcima, miješajući dok se ne sjedine.
e) Umiješajte nasjeckane orahe i latice maslačka dok se ravnomjerno ne rasporede.
f) Ulijte tijesto u pripremljeni kalup za kruh i ravnomjerno ga rasporedite.
g) Pecite 45-50 minuta ili dok čačkalica zabodena u sredinu ne izađe čista.
h) Izvadite iz pećnice i ostavite da se ohladi u tavi 10 minuta prije nego što je prebacite na rešetku da se potpuno ohladi. Narežite i poslužite svoj kruh od maslačka i oraha.

29. Raženi kruh od maslačka

SASTOJCI:
- 1 šalica raženog brašna
- 1 1/2 šalice višenamjenskog brašna
- 1 žličica sode bikarbone
- 1/2 žličice soli
- 1/4 šalice melase
- 1 šalica mlaćenice
- 1/2 šalice nasjeckanog zelenila maslačka

UPUTE:
a) Zagrijte pećnicu na 350°F (175°C). Namastite kalup za kruh i ostavite sa strane.
b) U velikoj zdjeli za miješanje pomiješajte raženo brašno, višenamjensko brašno, sodu bikarbonu i sol.
c) U zasebnoj zdjeli pomiješajte melasu i mlaćenicu dok se dobro ne sjedine.
d) Postupno dodajte mokre sastojke suhim sastojcima, miješajući dok se ne sjedine.
e) Umiješajte nasjeckano zelje maslačka dok se ravnomjerno ne rasporedi.
f) Ulijte tijesto u pripremljeni kalup za kruh i ravnomjerno ga rasporedite.
g) Pecite 50-60 minuta ili dok čačkalica zabodena u sredinu ne izađe čista.
h) Izvadite iz pećnice i ostavite da se ohladi u tavi 10 minuta prije nego što je prebacite na rešetku da se potpuno ohladi. Narežite i poslužite svoj raženi kruh od maslačka.

GLICASE I PREDJELA

30. Energetske pločice sjemenki koprive i cvijeta maslačka

SASTOJCI:
- 1 šalica suhih marelica
- ½ šalice indijskih oraščića
- ½ šalice badema
- ¼ šalice sjemenki sezama
- 2 žlice meda (po želji)
- 1 žlica kokosovog ulja
- 4 - 6 žlica sjemenki koprive (količina po želji)
- 4 – 6 žlica cvjetova maslačka (ili nevena)
- 4 – 5 kockica kandiranog đumbira
- Prstohvat morske soli
- 1 žličica kardamoma

UPUTE:
a) Tepsiju od 8 inča obložite papirom za pečenje.
b) Mesite orahe dok ne postanu mrvičasti, a zatim ih odložite u posebnu zdjelu.
c) Pusirajte marelice dok se ne nasjeckaju.
d) Dodajte sve ostale sastojke (uključujući med ako koristite) u smjesu marelica i promiješajte dok se dobro ne sjedine.
e) Dodajte orahe u smjesu i miksajte dok se dobro ne izmiješa. Jednom kad se smjesa počne lijepiti i skupljati u kuglice u procesoru hrane, gotovo je.
f) Čvrsto utisnite smjesu u tepsiju nečim ravnim da je pritisnete.
g) Posudu stavite u zamrzivač oko 30 minuta (ili dok se ne stegne), zatim izvadite i narežite na štanglice.
h) Ukrasite s još nekoliko sjemenki koprive i sezama.
i) Pločice stavite u hermetički zatvorenu posudu i čuvajte u hladnjaku do mjesec dana.

31. Popečci od cvijeta maslačka

SASTOJCI:

- 1 šalica integralnog pšeničnog brašna
- 2 žlice maslinovog ulja
- 2 žličice praška za pecivo
- 1 šalica cvjetova maslačka
- 1 prstohvat soli
- 1 jaje
- Neljepljivi sprej s biljnim uljem
- ½ šalice mlijeka s niskim udjelom masti

UPUTE:

a) U zdjeli pomiješajte brašno, prašak za pecivo i sol. U posebnoj zdjeli umutiti jaje, pa pomiješati s mlijekom ili vodom i maslinovim uljem.
b) Sjediniti sa suhom smjesom. Pažljivo umiješati žute cvjetove, pazeći da se ne zgnječe.
c) Lagano poprskajte rešetku ili tavu biljnim uljem.
d) Zagrijte dok se potpuno ne zagrije. Smjesu sipajte na rešetku po žlicama i pecite kao palačinke.

32. Punjeni listovi grožđa s zelenjem

SASTOJCI:
- 1 šalica očišćenog lišća maslačka
- 1 šalica kuhane riže
- 1/4 šalice pinjola
- 1/4 šalice ribiza
- 1 limun, iscijeđen
- Listovi vinove loze (svježi ili konzervirani)
- Maslinovo ulje
- Posolite i popaprite po ukusu

UPUTE:
a) Listove grožđa blanširajte u kipućoj vodi dok ne omekšaju.
b) U zdjeli pomiješajte kuhanu rižu, zeleno povrće, pinjole, ribizle i limunov sok.
c) Na svaki list vinove loze stavite žlicu smjese i zarolajte u čvrsti snop.
d) Nadjevene listove vinove loze složite u posudu za pečenje, pokapajte maslinovim uljem i pecite dok se ne zagriju.

33.Čips od maslačka

SASTOJCI:
- Zelenje maslačka oprati i osušiti
- Maslinovo ulje
- Morska sol (ili začini po izboru)

UPUTE:
a) Zagrijte pećnicu na 350°F (175°C).
b) Operite zelenilo maslačka i dobro ga osušite. Izlomite ih na velike komade, odbacite sva debela rebra.
c) Zelenje malo pokapajte maslinovim uljem i promiješajte rukama da se svi listovi lagano oblože.
d) Premazano zelje stavite u jednom sloju na lim za pečenje.
e) Pecite u prethodno zagrijanoj pećnici oko 8-12 minuta. Pazite na njih kako biste spriječili da zagore.
f) Kada je gotovo, izvadite lim za pečenje iz pećnice i pospite listove morskom soli ili začinima po želji.
g) Ostavite čips da se ohladi prije posluživanja.

34. Pesto Crostini od maslačka

SASTOJCI:
- Baguette, narezan na tanke kolutiće
- Pesto od maslačka (pripremljen sa zelenilom maslačka, češnjakom, orašastim plodovima, maslinovim uljem i parmezanom)
- Cherry rajčice, prepolovljene
- Listovi svježeg bosiljka
- Balsamic glazura

UPUTE:
a) Tostirajte kriške baguettea dok ne postanu lagano hrskave.
b) Namažite komadić pesta od maslačka na svaki tost.
c) Na vrh stavite prepolovljenu cherry rajčicu i list svježeg bosiljka.
d) Prelijte glazurom od balzama.
e) Poslužite kao ukusno predjelo za okupljanja ili zabave.

35. Humus od maslačka

SASTOJCI:
- 1 konzerva (15 unci) slanutka, ocijeđena i isprana
- 1 šalica pakiranog lišća maslačka
- 2 češnja češnjaka, mljevena
- 3 žlice tahinija
- 2 žlice soka od limuna
- 2 žlice maslinovog ulja
- Posolite i popaprite po ukusu

UPUTE:
a) U sjeckalici pomiješajte slanutak, zelenilo maslačka, mljeveni češnjak, tahini, limunov sok i maslinovo ulje.
b) Miješajte dok ne postane glatko i kremasto, stružući sa strane prema potrebi.
c) Začinite solju i paprom po ukusu.
d) Prebacite humus od maslačka u zdjelu za posluživanje.
e) Poslužite s pita čipsom, krekerima ili svježim povrćem za umakanje.

36. Puffs od maslačka

SASTOJCI:

- Cvjetovi maslačka (očišćeni i osušeni)
- 1 šalica višenamjenskog brašna
- 1 žličica praška za pecivo
- Prstohvat soli
- 1 jaje
- 1/2 šalice mlijeka
- Ulje za prženje
- Šećer u prahu (po želji, za posipanje)

UPUTE:

a) U zdjeli pomiješajte brašno, prašak za pecivo i sol.
b) U drugoj zdjeli umutite jaje i mlijeko.
c) Postupno dodajte mokre sastojke suhim sastojcima, miješajući dok smjesa ne postane glatka.
d) Umočite svaki cvijet maslačka u tijesto tako da ga potpuno obložite.
e) Zagrijte ulje u tavi na srednje jakoj vatri.
f) Premazane cvjetove maslačka pržite dok ne porumene i postanu hrskavi.
g) Izvadite iz ulja i ocijedite na papirnatim ubrusima.
h) Po želji: pospite šećerom u prahu prije posluživanja kao slatki i hrskavi međuobrok.

37. Tortice od maslačka i kozjeg sira

SASTOJCI:
- Mini ljuske za torte (kupovne ili domaće)
- Svježi kozji sir
- Zelenje maslačka, pirjano dok ne uvene
- Cherry rajčice, prepolovljene
- Listovi svježeg timijana
- Maslinovo ulje
- Posolite i popaprite po ukusu

UPUTE:
a) Zagrijte pećnicu na 350°F (175°C).
b) Na lim za pečenje stavite školjke za mini kolače.
c) Svaku koru tarta napunite žlicom svježeg kozjeg sira.
d) Prelijte pirjanim zelenilom maslačka i prepolovljenim cherry rajčicama.
e) Pospite lističima svježeg timijana i pokapajte maslinovim uljem.
f) Začinite solju i paprom po ukusu.
g) Pecite u prethodno zagrijanoj pećnici 10-12 minuta ili dok kore kolača ne porumene.
h) Poslužite toplo kao ukusno predjelo za svaku priliku.

38.Bruskete od maslačka i slanine

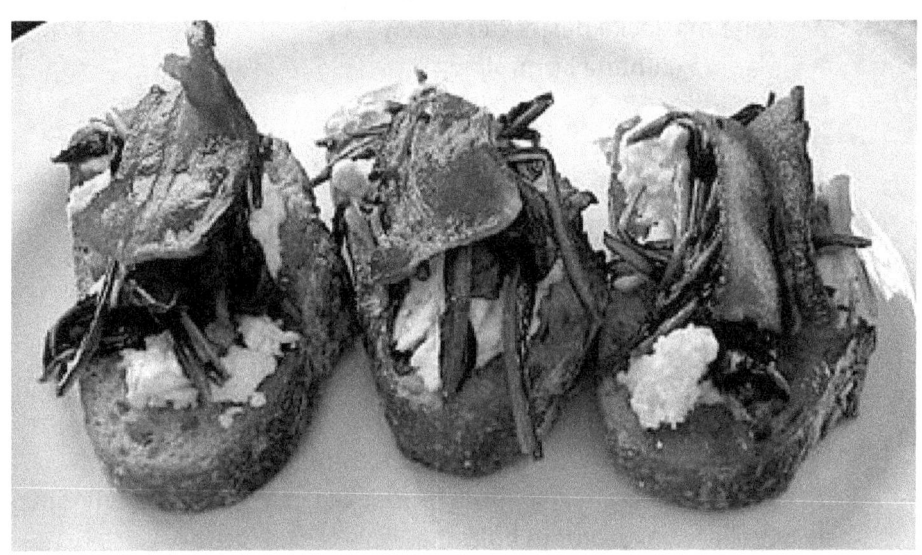

SASTOJCI:
- Baguette, narezan na tanke kolutiće
- Zelje maslačka nasjeckano
- Slanina, kuhana i izmrvljena
- Kozji sir
- Balsamic glazura
- Maslinovo ulje
- Posolite i popaprite po ukusu

UPUTE:
a) Tostirajte kriške baguettea dok ne postanu lagano hrskave.
b) U tavi pirjajte nasjeckane listove maslačka na malo maslinovog ulja dok ne uvenu. Posolite i popaprite.
c) Svaki tost namažite slojem kozjeg sira.
d) Prelijte pirjanim zelenilom maslačka i izmrvljenom slaninom.
e) Prelijte glazurom od balzama.
f) Poslužite kao ukusno i slano predjelo.

39. Maslačak i ricotta punjeni gljivama

SASTOJCI:
- Velike gljive očistiti i odstraniti peteljke
- Ricotta sir
- Zelenje maslačka nasjeckano i pirjano
- Češnjak, mljeveni
- Parmezan sir, ribani
- Maslinovo ulje
- Posolite i popaprite po ukusu

UPUTE:
a) Zagrijte pećnicu na 375°F (190°C). Namastiti posudu za pečenje.
b) U zdjeli pomiješajte ricotta sir, pirjane listove maslačka, nasjeckani češnjak i naribani parmezan. Posolite i popaprite.
c) Svaki klobuk šampinjona napunite mješavinom ricotte i maslačka.
d) U pripremljenu posudu za pečenje stavite punjene gljive.
e) Prelijte maslinovim uljem i dodatno pospite parmezanom.
f) Pecite u prethodno zagrijanoj pećnici 15-20 minuta ili dok gljive ne omekšaju, a nadjev ne porumeni.
g) Poslužite toplo kao ukusno predjelo ili međuobrok.

40. Maslačak i feta filo trokuti

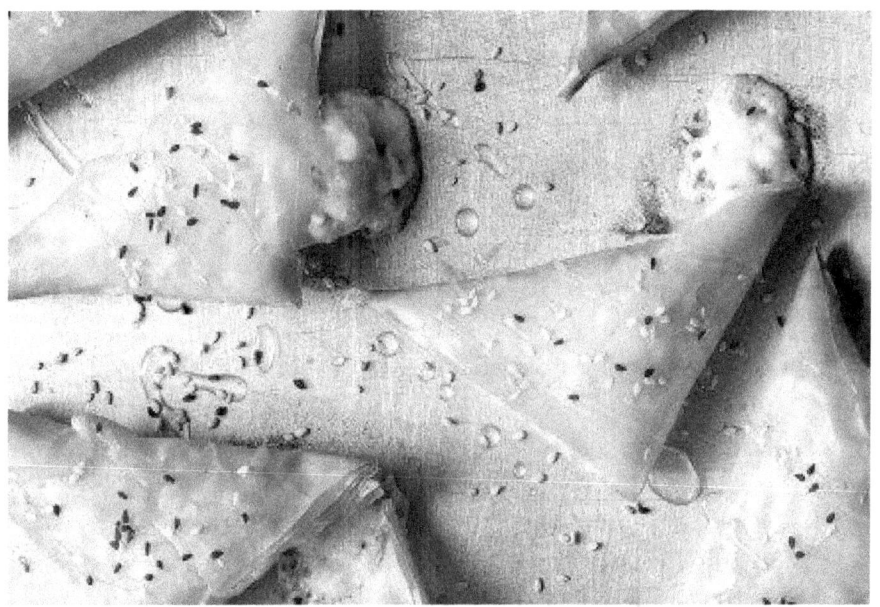

SASTOJCI:
- Filo listovi tijesta
- Feta sir, izmrvljen
- Zelenje maslačka nasjeckano i pirjano
- Limunova korica
- Maslinovo ulje
- Posolite i popaprite po ukusu

UPUTE:
a) Zagrijte pećnicu na 375°F (190°C). Lim za pečenje obložite papirom za pečenje.
b) Rasporedite jedan list filo tijesta i malo ga premažite maslinovim uljem.
c) Ponovite slojeve i premažite maslinovim uljem dok ne dobijete 3-4 sloja.
d) Naslojeno filo tijesto izrežite na kvadrate ili trokute.
e) U zdjeli pomiješajte izmrvljeni feta sir, pirjane listove maslačka, koricu limuna, sol i papar.
f) Stavite žlicu nadjeva na svaki filo kvadrat ili trokut.
g) Presavijte filo tijesto preko nadjeva u obliku trokuta ili kvadrata.
h) Ispunjene trokute ili kvadrate stavite na pripremljeni lim za pečenje.
i) Pecite u prethodno zagrijanoj pećnici 15-20 minuta ili dok ne porumene i postanu hrskavi.
j) Poslužite toplo kao ukusno i elegantno predjelo.

GLAVNO JELO

41. Lazanje od maslačka

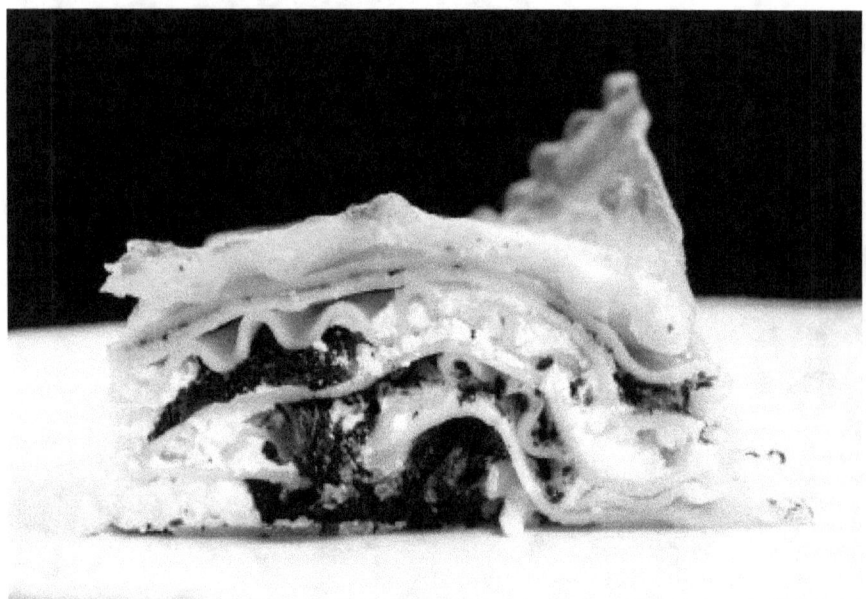

SASTOJCI:
- 2 litre vode
- 2 funte lišća maslačka
- 2 češnja češnjaka
- 3 žlice nasjeckanog peršina, podijeljeno
- 1 žlica bosiljka
- 1 žličica origana
- ½ šalice pšeničnih klica
- 3 šalice umaka od rajčice
- 6 unci paste od rajčice
- 9 rezanaca za lazanje od cjelovitog zrna pšenice
- 1 žličica maslinovog ulja
- 1 funta sira Ricotta
- 1 mrvica kajenskog papra
- ½ šalice parmezana, naribanog
- ½ funte sira Mozzarella, narezanog na kriške

UPUTE:

a) Zakuhajte vodu, dodajte maslačak i kuhajte dok ne omekša. Maslačke izvadite šupljikavom žlicom, a vodu ostavite.
b) Stavite maslačak u blender s češnjakom i 1 žlicom peršina, bosiljka i origana.
c) Dobro izmiješajte, ali pazite da se ne ukapi.
d) Dodajte pšenične klice, dvije šalice umaka od rajčice i pastu od rajčice.
e) Izmiksajte tek toliko da se dobro promiješa i ostavite smjesu.
f) Ponovno zakuhajte vodu. Dodajte lazanje i maslinovo ulje. Skuhajte al dente. Ocijediti i rezervisati.
g) Pomiješajte ricotta sir, cayenne i preostale 2 žlice. peršin, rezerva.
h) Lagano premažite maslacem dno tepsije 9 x 13" za pečenje.
i) Postavite 3 rezanca za lazanje jednu do druge kao prvi sloj. Prelijte ⅓ umaka od maslačka, zatim ½ ricotta sira.
j) Preko ricotte istresti malo parmezana i prekriti slojem ploški mozzarelle. Ponoviti.
k) Posložite zadnja 3 rezanca za lazanje i posljednju ⅓ umaka od maslačka. Pokrijte preostalim parmezanom i mozzarellom i jednom šalicom umaka od rajčice.
l) Pecite na 375 F. 30 minuta.

42. Rezanci s jajima od maslačka

SASTOJCI:
- 2 šalice zelenila maslačka, upakirano (3 unce po težini), oprano i ocijeđeno
- 2 jaja
- ½ žličice soli
- 1 do 1 ¼ šalice brašna

UPUTE:
a) U blenderu ili procesoru hrane pomiješajte zelje maslačka i jaja. Pasirajte dok ne postane glatko i ukapljeno.
b) U velikoj zdjeli pomiješajte 1 šalicu brašna i sol. Ulijte smjesu jaja u smjesu od brašna i dobro promiješajte. Dodajte 1 žlicu po žlicu brašna koliko je potrebno da dobijete čvrsto tijesto (to će varirati ovisno o sadržaju vode u zelenilu maslačka).
c) Izvadite tijesto na pobrašnjenu dasku i mijesite dok se tijesto dobro ne formira. Uz pomoć valjka razvaljajte tijesto u tanki list. Najotmjeniji rezanci s jajima su razvaljani prilično tanko, valjajte koliko god vam strpljenje dopušta, ali zapamtite da će rezanci nabubriti kad se kuhaju, pa idite na tanko. Razvaljano tijesto ostaviti na dasci da se suši 1 sat.
d) Narežite tijesto na rezance, kotačić za pizzu čini ovo super lakim. Nakon što su rezanci izrezani, ostaviti ih na dasci i staviti veliki lonac posoljene vode da prokuhaju. Nakon što voda zavrije, dodajte rezance i miješajte da se ne zalijepe.
e) Kuhajte rezance 3 do 5 minuta, ili dok ne budu kuhani. Ocijedite i poslužite po želji.

43. Pljeskavice od maslačka

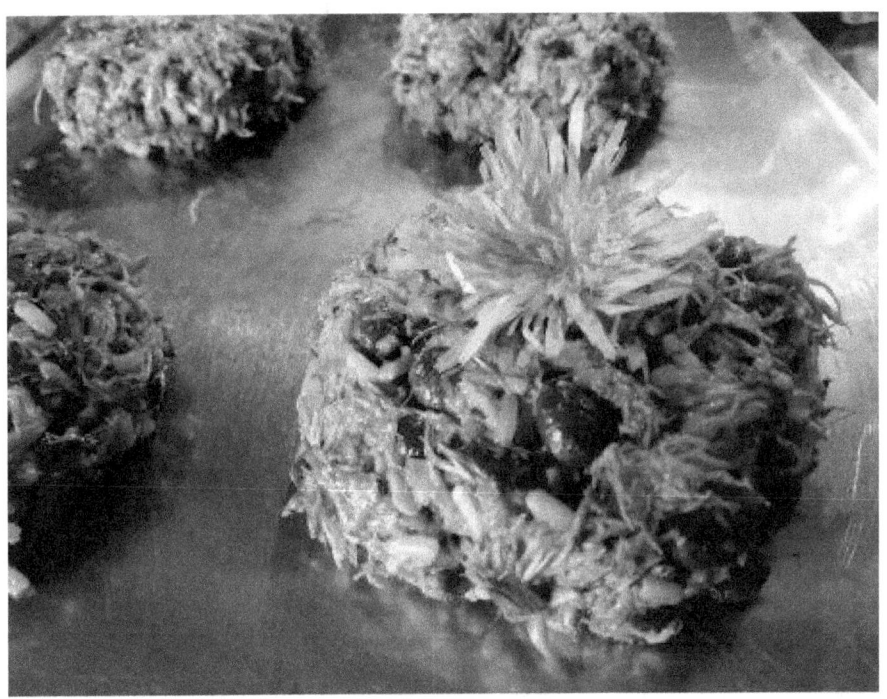

SASTOJCI:
- 1 šalica brašna
- 1 šalica upakiranih latica maslačka (bez zelenila)
- 1 jaje
- 1/4 šalice mlijeka
- 1/2 šalice nasjeckanog luka
- 1/4 žličice soli
- 1/2 žličice češnjaka u prahu
- 1/4 žličice bosiljka i origana
- 1/8 žličice papra

UPUTE:
a) Pomiješajte sve sastojke.
b) Tijesto će biti ljepljivo. Oblikujte pljeskavice i pržite u tavi na ulju ili maslacu, okrećući dok ne porumene s obje strane.
c) Ne, nemaju okus hamburgera, ali nisu loši.

44. Maslačak i krumpir sa sirom

SASTOJCI:

- 1 lb (450 g) zelenila maslačka
- 1 žlica pecorina romana
- 1 zlatni krumpir
- ½ žličice crnog papra i kuhinjske soli po ukusu
- 4 ljutike
- 7 žlica ekstra djevičanskog maslinovog ulja
- Pareno zelje maslačka

UPUTE:

a) Operite i podignite zelje maslačka onoliko puta koliko je potrebno da uklonite prljavštinu. Kuhajte maslačak na pari ili kuhajte samo 5 minuta. Ako je moguće, sačuvajte vodu koju koristite za kuhanje povrća na pari. Promiješajte pržene maslačke i krumpir

b) Ogulite i narežite ljutiku na četvrtine. Krompir također ogulite i narežite na kockice veličine ½ inča. Ulijte 3 žlice maslinovog ulja u tavu i stavite na srednju vatru. Kad se ulje jako zagrije, ali ne zadimi, u tavu uspite ljutiku i miješajući je pržite dok ne porumeni.

c) Sada dodajte krumpir i nastavite pržiti uz miješanje još pet minuta.

d) Na kraju dodajte maslačak izrezan na komade dužine 3 cm. Pirjajte 5 minuta pa dodajte ½ žlice vode u kojoj se kuhao maslačak.

e) Kuhajte na srednjoj vatri dok se krumpir ne skuha, ali ne zgnječi. Po potrebi dodajte još koju žlicu vode.

f) Na kraju dodajte ribani sir Pecorino Romano, crni papar i sol po ukusu. Daleko od vrućine, popunite s 1 žlicom maslinovog ulja za dio i poslužite vrlo vruće.

45. Pesto tjestenina od maslačka

SASTOJCI:
- 2 šalice svježeg lišća maslačka, opranog i nasjeckanog
- 1/2 šalice prženih pinjola
- 2 češnja češnjaka, mljevena
- 1/2 šalice ribanog parmezana
- 1/2 šalice ekstra djevičanskog maslinovog ulja
- Posolite i popaprite po ukusu
- Kuhana tjestenina po izboru (špageti, fettuccine i sl.)

UPUTE:

a) U sjeckalici pomiješajte zelje maslačka, pinjole, češnjak i parmezan. Pulsirajte dok se ne nasjecka.

b) S uključenim procesorom hrane polako ulijevajte maslinovo ulje dok smjesa ne postane glatka pasta. Začinite solju i paprom po ukusu.

c) Pomiješajte pesto od maslačka s kuhanom tjesteninom dok se dobro ne prekrije. Poslužite vruće, po želji ukrašeno dodatnim parmezanom.

46. Rižoto od maslačka i gljiva

SASTOJCI:
- 1 šalica Arborio riže
- 4 šalice juhe od povrća ili piletine
- 1 glavica luka sitno nasjeckana
- 2 češnja češnjaka, mljevena
- 1 šalica svježeg lišća maslačka, opranog i nasjeckanog
- 1 šalica narezanih gljiva (kao što su cremini ili shiitake)
- 1/2 šalice suhog bijelog vina
- 1/4 šalice ribanog parmezana
- 2 žlice maslaca
- Posolite i popaprite po ukusu
- Svježi peršin za ukras

UPUTE:
a) U velikom loncu zagrijte juhu na laganoj vatri i držite je na toplom.
b) U drugom velikom loncu ili pećnici otopite maslac na srednjoj vatri. Dodajte nasjeckani luk i češnjak, te pirjajte dok ne omekšaju.
c) Dodajte Arborio rižu u tavu i miješajte da se obloži maslacem, kuhajte 1-2 minute dok se lagano ne prepeče.
d) Ulijte bijelo vino i kuhajte uz stalno miješanje dok ga riža ne upije.
e) Počnite dodavati toplu juhu u smjesu riže, jednu po jednu kutlaču, stalno miješajući i dopuštajući da se svaki dodatak upije prije dodavanja još. Nastavite s ovim postupkom dok riža ne postane kremasta i kuhana al dente, oko 18-20 minuta.
f) Zadnjih 5 minuta kuhanja umiješajte nasjeckanu zelenku maslačka i narezane gljive.
g) Nakon što je rižoto kuhan do željene gustoće, maknite ga s vatre i umiješajte naribani parmezan. Začinite solju i paprom po ukusu.
h) Rižoto poslužite vruć, ukrašen svježim peršinom.

47. Quiche od maslačka

SASTOJCI:
- 1 kora za pitu (kupovna ili domaća)
- 1 šalica svježeg lišća maslačka, opranog i nasjeckanog
- 1/2 šalice šunke ili kuhane slanine (po želji)
- 1/2 šalice nasjeckanog sira (kao što je cheddar ili švicarski)
- 4 jaja
- 1 šalica mlijeka ili vrhnja
- Posolite i popaprite po ukusu
- Prstohvat muškatnog oraščića (po želji)

UPUTE:
g) Zagrijte pećnicu na 375°F (190°C).
h) Posudu za pitu obložite korom za pitu, rubove po želji.
i) U zdjeli za miješanje umutite jaja, mlijeko ili vrhnje, sol, papar i muškatni oraščić dok se dobro ne sjedine.
j) Ravnomjerno rasporedite nasjeckano zelenilo maslačka po dnu kore za pitu. Preko zelja pospite narezanu šunku ili kuhanu slaninu (ako koristite), a zatim naribani sir.
k) Pažljivo prelijte smjesu jaja preko sastojaka za nadjev u kori za pitu.
l) Stavite quiche u prethodno zagrijanu pećnicu i pecite 35-40 minuta, odnosno dok se nadjev ne stegne i korica ne porumeni.
m) Ostavite quiche da se malo ohladi prije rezanja i posluživanja. Uživajte toplo ili na sobnoj temperaturi.

48. Torta od maslačka i kozjeg sira

SASTOJCI:
- 1 list lisnatog tijesta, odmrznut
- 1 šalica svježeg lišća maslačka, opranog i nasjeckanog
- 4 unce kozjeg sira, izmrvljenog
- 1/4 šalice nasjeckanih oraha
- 1 žlica meda
- Posolite i popaprite po ukusu
- Po želji: balzam glazura za prelijevanje

UPUTE:
a) Zagrijte pećnicu na 400°F (200°C).
b) Lisnato tijesto razvaljajte na lagano pobrašnjenoj podlozi i premjestite ga na lim obložen papirom za pečenje.
c) Nasjeckano zelenje maslačka ravnomjerno rasporedite po lisnatom tijestu, ostavljajući obrub oko rubova.
d) Po zelju pospite izmrvljeni kozji sir i nasjeckane orahe. Ravnomjerno pokapajte med preko kolača.
e) Začinite solju i paprom po ukusu. Po želji, vrh prelijte glazurom od balzama za dodatni okus.
f) Pecite u prethodno zagrijanoj pećnici 20-25 minuta, odnosno dok tijesto ne porumeni i postane hrskavo.
g) Izvadite iz pećnice i pustite da se malo ohladi prije rezanja. Poslužite toplo kao ukusno predjelo ili lagano glavno jelo.

SALATE

49. od maslačka s preljevom od Açaí bobica

SASTOJCI:

AÇAÍ PRELJEV OD BOBICA
- Paket nezaslađenog Açaija od 100 grama, sobne temperature
- ¼ šalice kokosovog ulja
- ¼ šalice jabučnog octa
- 2 žlice meda
- 1 žlica chia sjemenki
- 1 žličica morske soli

SALATA
- 2 šalice tanko narezanog kelja
- 2 šalice tanko narezanog napa kupusa
- 1 šalica tanko narezanog zelenila maslačka
- 1 šalica tanko narezanog crvenog kupusa
- ½ šalice tanko narezanog bosiljka
- ½ šalice nasjeckane cikle
- ½ šalice nasjeckane mrkve
- ½ šalice prženih sjemenki bundeve
- Suncokretove klice

UPUTE:

a) Za pripremu Açaí Berry PRELJEVA: Pomiješajte sve sastojke u procesoru hrane ili blenderu dok ne postane glatko.

b) Stavite kelj u veliku zdjelu. Nakapajte nekoliko žlica na kelj i umasirajte da se prekrije. Dodajte svo ostalo povrće u zdjelu i prelijte dodatnim preljevom po želji.

c) Pospite sjemenkama bundeve i klicama i promiješajte da se sjedine. Uživajte u prehrani!

50.Salata od maslačka i choriza

SASTOJCI:

- Zdjela za salatu od mladog lišća maslačka
- 2 kriške Kruh, narezan
- 4 žlice maslinovog ulja
- 150 grama Choriza, deblje narezanog
- 2 češnja češnjaka nasjeckana
- 1 žlica crvenog vinskog octa
- Sol i papar

UPUTE:

a) Listove maslačka pobrati, isprati i osušiti na čistoj kuhinjskoj krpi. Stavite u zdjelu za posluživanje.
b) Kruhu odrežite koru i narežite ga na kockice. U tavi zagrijte pola maslinovog ulja.
c) Pržite krutone na umjerenoj vatri, često okrećući, dok prilično ravnomjerno ne porumene.
d) Ocijediti na kuhinjskom papiru. Obrišite posudu i dodajte preostalo ulje. Pržite chorizo ili lardons na jakoj vatri dok ne porumene.
e) Dodajte češnjak i pržite još nekoliko sekundi, a zatim smanjite vatru. Izvadite chorizo šupljikavom žlicom i posipajte ga po salati.
f) Pustite da se tepsija ohladi minutu, umiješajte ocat i sve prelijte preko salate.
g) Pospite preko krutona, začinite solju i paprom, promiješajte i poslužite.

51.Salata od maslačka

SASTOJCI:
- 4 šalice svježeg lišća maslačka
- 1 šalica cherry rajčica, prepolovljenih
- 1/2 šalice feta sira, izmrvljenog
- 1/4 šalice balzamičnog vinaigreta
- Posolite i popaprite po ukusu

UPUTE:
a) Operite i osušite zelje maslačka.
b) Pomiješajte zelje maslačka, cherry rajčice i feta sir.
c) Prelijte balzamičnim vinaigretteom. Posolite i popaprite.

52. Salata od pečene patipane

SASTOJCI:
PEŠTO
- 1 unca zelenila maslačka, obrezanog i natrganog na komadiće veličine zalogaja
- 3 žlice prženih sjemenki suncokreta
- 3 žlice vode
- 1 žlica javorovog sirupa
- 1 žlica jabukovače octa
- 1 češanj češnjaka, samljeven
- ¼ žličice kuhinjske soli
- ⅛ žličice pahuljica crvene paprike
- ¼ šalice ekstra djevičanskog maslinovog ulja

SALATA
- 2 žlice ekstra djevičanskog maslinovog ulja
- 2 žličice javorovog sirupa
- ½ žličice kuhinjske soli
- ⅛ žličice papra
- 1½ funte baby pattypan tikve, vodoravno prepolovljene
- 4 klasja kukuruza, zrna izrezana iz klipa
- 1 funta zrelih rajčica, očišćenih od središta, izrezanih na kriške debljine ½ inča i kriške prepolovljene poprečno
- 1 unca zelenila maslačka, obrezanog i natrganog na komadiće veličine zalogaja (1 šalica)
- 2 žlice prženih sjemenki suncokreta

UPUTE:
ZA PEŠTO:
a) Namjestite rešetku pećnice na najniži položaj, stavite lim za pečenje s obrubom na rešetku i zagrijte pećnicu na 500 stupnjeva.
b) Zelenje maslačka, sjemenke suncokreta, vodu, javorov sirup, ocat, češnjak, sol i ljuskice papra obradite u procesoru hrane dok se ne samelje, oko 1 minutu, stružući stijenke zdjele prema potrebi.
c) Dok procesor radi, polagano ulijevajte ulje dok se ne sjedini.

ZA SALATU:
d) Pomiješajte ulje, javorov sirup, sol i papar u velikoj zdjeli. Dodajte tikvicu i kukuruz i pomiješajte. Radeći brzo, rasporedite povrće u

jednom sloju na vrući lim, slažući tikvice prerezanom stranom prema dolje.

e) Pecite dok prerezana strana tikve ne porumeni i ne omekša, 15 do 18 minuta. Premjestite posudu na rešetku i ostavite da se malo ohladi oko 15 minuta.

f) Pomiješajte pečenu tikvicu i kukuruz, polovicu pesta, rajčice i zelenilo maslačka u velikoj zdjeli i lagano promiješajte da se sjedini.

g) Prelijte preostalim pestom i pospite suncokretovim sjemenkama. Poslužiti.

53. Salata od staklenki od rajčice, krastavaca, bundeve i maslačka

Služi 2

SASTOJCI:
- 1/2 šalice kuhane, kockice bundeve
- 1/2 šalice rajčice
- 1/2 šalice narezanog krastavca
- 1/2 šalice listova maslačka

ZAVOJ:
- 1 žlica. maslinovo ulje i 1 žlica. od Chlorella
- 1 žlica. svježeg soka od limuna i prstohvat morske soli

UPUTE:
a) Sastojke slažite ovim redom: dresing, rajčice, krastavci, tikva i listovi maslačka.

54. Salata od slanutka, rajčice i paprike u staklenci

SASTOJCI:
- 3/4 šalice slanutka
- 1/2 šalice rajčice i 1/2 šalice lišća maslačka
- 1/2 šalice narezanog krastavca
- 1/2 šalice žute paprike

ZAVOJ:
- 1 žlica. maslinovo ulje i 2 žlice. Grčki jogurt
- 1 žlica. svježeg soka od limuna i prstohvat morske soli

UPUTE:
a) Sastojke stavite ovim redoslijedom: dresing, krastavac, rajčica, slanutak, paprika i listovi maslačka.

55.Salata od zelja, mrkve, cikle i cherry rajčica

SASTOJCI:
- 1 šalica pakiranog zelja od cikle
- 1/2 šalice narezane mrkve
- 1 šalica cherry rajčica
- 1 šalica narezane cikle
- 1/2 šalice listova maslačka

ZAVOJ:
- 1 žlica. maslinovo ulje ili ulje avokada
- 1 žlica. svježi sok od limuna
- prstohvat crnog papra
- prstohvat morske soli i jedan mljeveni režanj češnjaka (po želji)

UPUTE:
a) Pomiješajte sve sastojke.

56. Salata od paradajza, piletine, krastavaca, maslačka u tegli

SASTOJCI:
- 1/2 šalice pečene piletine
- 1/2 šalice rajčice
- 1/2 šalice narezanih krastavaca
- 1/2 šalice listova maslačka

ZAVOJ:
- 1 žlica. maslinovo ulje i 2 žlice. Grčki jogurt
- 1 žlica. svježeg soka od limuna i prstohvat morske soli

UPUTE:
a) Sastojke stavite ovim redoslijedom: dresing, piletina, rajčica, krastavci i maslačak.

57. Salata od kus-kusa, piletine i maslačka

SASTOJCI:

ZA SALATU
- 4 pileća prsa bez kostiju i kože
- Kelj u vrećici od 7 oz
- ½ funte natrganog zelenila maslačka
- nekoliko tankih ploški crvenog luka
- 1/2 slatke crvene paprike narezane na trakice
- 1 1/2 šalice grožđanih rajčica narezanih na pola
- 1 mrkva, narezana na vrpce
- 1 krvava naranča, prepolovljena i malo pečena na žaru

ZA MARINADU:
- 2 žlice svježe iscijeđenog soka od limuna
- 1 žličica sušenog origana
- 1 žličica češnjaka, zgnječenog
- košer sol po ukusu
- svježe mljeveni crni papar po ukusu

ZA BIJELI BALSAMIC VINAIGRETTE:
- 1/4 šalice listova bosiljka
- 3 žlice bijelog balzamičnog octa
- 2 žlice nasjeckane ljutike
- 1 žlica vode
- 2 žlice ekstra djevičanskog maslinovog ulja
- prstohvat soli i svježe mljevenog crnog papra

UPUTE:

a) Pomiješajte sastojke za marinadu - limunov sok, origano, pire od češnjaka, sol i crni papar i prelijte preko piletine neka se marinira.
b) Stavite sve sastojke za vinaigrette u blender i miksajte dok ne postane glatko. Staviti na stranu.
c) Pecite piletinu na roštilju dok dobro ne porumeni s obje strane.
d) Posložite povrće u slojeve, na vrh stavite piletinu i pokapajte balzamičnim preljevom.

58. Salata od tjestenine od maslačka

SASTOJCI:
- 3 šalice kuhane tjestenine
- 2 žlice octa
- 1½ šalice rajčice narezane na kockice, ocijeđene
- 1 žlica maslinovog ulja
- 1 šalica zelenila maslačka, prethodno kuhanog
- 8 maslina, narezanih
- 2 divlja poriluka, mljevena, zelen i sve 2 žlice mljevenog luka
- ½ žličice soli

UPUTE:
a) Kombinirajte i uživajte!

59. Uvelo zelje maslačka sa slaninom

SASTOJCI:
- 1 žlica cijelog sjemena gorušice
- 2 žličice pročišćenog maslaca ili gheeja
- 4 unce slanine uzgojene na pašnjacima, nasjeckane
- 1 mala ljutika, nasjeckana
- 1 funta zelenog mladog maslačka
- 2 žličice crvenog vinskog octa

UPUTE:
a) Stavite tavu od lijevanog željeza ili nehrđajućeg čelika na jaku vatru. Dodajte cijele sjemenke gorušice u tavu i lagano ih pržite dok ne puste svoj miris, oko dvije minute. Tostirane sjemenke gorušice prebacite u zdjelu ili posudu da se ohlade.
b) Smanjite vatru na srednju. Dodajte jednu čajnu žličicu pročišćenog maslaca ili gheeja u tavu i pustite da se otopi dok se ne počne pjeniti. U tavu dodajte nasjeckanu slaninu i pržite je dok ne postane hrskava, a masnoća joj se otopi. Hrskavu slaninu prebacite u posudu s prepržen im sjemenkama gorušice.
c) U istu tavu s preostalom masnoćom od slanine dodajte nasjeckanu ljutiku. Pržite ljutiku dok ne zamiriše i omekša, oko tri minute.
d) U tavu s omekšalom ljuticom i masnoćom od slanine umiješajte zelje maslačka. Odmah isključite vatru jer će zelje uvenuti na preostaloj toplini tave.
e) Prelijte crveni vinski ocat preko uvelih listova maslačka i nastavite miješati dok zeleni ne uvenu po vašoj želji.
f) Premjestite uvenuće zelenje maslačka u posudu za posluživanje. Po vrhu pospite pržene sjemenke gorušice i hrskavu slaninu.
g) Uvele listove maslačka odmah poslužite kao ukusan prilog ili lagani obrok.

JUHE

60. Juha od maslačka i krumpira

SASTOJCI:

- 2 šalice krumpira narezanog na kockice
- 1 šalica nasjeckanog svježeg lišća maslačka, opranog
- 1/2 luka narezanog na kockice
- 2 češnja češnjaka, mljevena
- 4 šalice juhe od povrća ili piletine
- 1/2 šalice gustog vrhnja
- 2 žlice maslaca
- Posolite i popaprite po ukusu
- Ukras po želji: nasjeckani vlasac ili peršin

UPUTE:

a) U velikom loncu otopite maslac na srednje jakoj vatri. Dodajte luk nasjeckan na kockice i nasjeckani češnjak, te pirjajte dok ne omekša, oko 3-4 minute.
b) U lonac dodajte kockice krumpira i zalijte povrtnom ili pilećom juhom. Zakuhajte smjesu, zatim smanjite vatru na nisku i pustite da lagano kuha 15-20 minuta, ili dok krumpir ne omekša.
c) Uranjajućim blenderom ili prebacivanjem u blender u serijama miksajte juhu dok ne postane glatka.
d) Umiješajte nasjeckano povrće maslačka i vrhnje. Pustite da juha kuha još 5-7 minuta dok zelje ne uvene i juha se zagrije.
e) Začinite solju i paprom po ukusu. Poslužite vruće, po želji ukrašeno nasjeckanim vlascem ili peršinom. Uživajte u ovoj ugodnoj i hranjivoj juhi od maslačka i krumpira.

61.od jastoga i maslačka s popečcima

SASTOJCI:
- 1 žlica maslinovog ulja
- 1 funta chorizo kobasice, narezane na kriške
- 2 šalice luka, julienned
- 8 šalica temeljca od jastoga, škampa ili ribe
- 12 cijelih režnjeva češnjaka, oguljenih
- 2 zelena čilija, narezana na tanke kolutiće
- 3 šalice grubo nasjeckanog maslačka
- 2 šalice nasjeckanih rajčica
- 3 naranče, ocijeđene
- 2 jastoga ili Maine jastoga, prerezana na pola
- Sol
- Zdrobljene ljuskice crvene paprike
- ½ šalice kokosovog mlijeka
- 2 žlice sitno nasjeckanog svježeg lišća cilantra
- 1 recept za pikantne popečke
- 1 recept za majonezu od crvene paprike

UPUTE:
a) Ulijte 1 žlicu maslinovog ulja u veći lonac i zagrijte ga na srednje jakoj vatri.
b) Dodajte kobasicu i luk, te kuhajte dvije minute.
c) Pustite da prokuha uz miješanje temeljca, češnjaka i čilija.
d) Kuhajte 60 minuta.
e) Dodajte polovice jastoga, zelenilo maslačka, rajčice i sok od naranče te začinite solju i listićima crvene paprike.
f) Pirjajte 30 minuta.
g) Dodajte kokosovo mlijeko i cilantro i promiješajte.
h) Stavite polovicu jastoga u svaku zdjelicu.
i) Poslužite jastoge s juhom na vrhu.
j) Dodajte popečke i malo majoneze kao ukras.

62.Veganska juha od kostiju u sporom kuhanju

SASTOJCI:

- 1 šalica zelenila maslačka
- 2 šalice suhih gljiva
- komad đumbira veličine palca
- ¼ šalice gela od morske mahovine
- 3 suha ili svježa lista lovora
- 1 šalica suhe alge
- šaka cilantra ili cilantra
- 10 šalica izvorske vode

UPUTE:

a) Dodajte sve svoje povrće, gel od morske mahovine i morsku sol u svoj štednjak.
b) Prelijte izvorskom vodom i kuhajte na laganoj vatri 8 sati.
c) Kada završite s kuhanjem, stavite cjedilo na veliku staklenu zdjelu i ulijte juhu u zdjelu kroz cjedilo.
d) Čuvajte svoju domaću vegansku juhu u čistim staklenim posudama i čuvajte je u hladnjaku 5 do 7 dana. Može se zamrzavati u posudama za led do 3 mjeseca.
e) Ovu vegansku juhu od kostiju možete piti takvu kakva jest (½ šalice dnevno) ili je dodati domaćim juhama i kvinoji.
f) Kako se hladi postat će gusta.

63.Curry od maslačka i slanutka

SASTOJCI:

- 2 šalice svježeg lišća maslačka, opranog i nasjeckanog
- 1 konzerva (15 unci) slanutka, ocijeđena i isprana
- 1 luk, narezan na kockice
- 2 češnja češnjaka, mljevena
- 1 žlica curry praha
- 1 žličica mljevenog kima
- 1 žličica mljevenog korijandera
- 1 limenka (14 unci) kokosovog mlijeka
- 1 žlica biljnog ulja
- Posolite i popaprite po ukusu
- Kuhana riža ili naan kruh za posluživanje

UPUTE:

a) Zagrijte biljno ulje u velikoj tavi ili loncu na srednje jakoj vatri. Dodajte luk nasjeckan na kockice i nasjeckani češnjak, te pirjajte dok ne omekša, oko 3-4 minute.
b) U tavu dodajte curry prah, mljeveni kumin i mljeveni korijander. Kuhajte još 1-2 minute dok ne zamiriše.
c) Umiješajte nasjeckane listove maslačka i ocijeđeni slanutak te ih pospite začinima.
d) Ulijte kokosovo mlijeko i smjesu zakuhajte. Smanjite vatru na nisku i pustite da lagano kuha 10-12 minuta, dopuštajući da se okusi stope.
e) Začinite solju i paprom po ukusu. Poslužite curry od maslačka i slanutka vruć uz kuhanu rižu ili uz naan kruh za ukusan i zadovoljavajući obrok.

64. Krem juha od maslačka

SASTOJCI:

- 4 šalice nasjeckanih listova maslačka
- 2 šalice cvjetnih latica maslačka
- 2 šalice pupoljaka maslačka
- 1 žlica maslaca ili maslinovog ulja
- 1 šalica nasjeckanog divljeg poriluka (ili luka)
- 6 češnja češnjaka, nasjeckanog
- 4 šalice vode
- 2 šalice pola-n-pola ili gustog vrhnja
- 2 žličice soli

UPUTE:

a) Listove maslačka lagano prokuhajte u 6 šalica vode. Odlijte gorku vodu. Drugi put lagano prokuhati, gorku vodu odliti.

b) U loncu za juhu s debelim dnom pirjajte divlji poriluk i češnjak na maslacu ili maslinovom ulju dok ne omekšaju. Dodajte 4 šalice vode.

c) Dodati listove maslačka, latice cvijeta, pupoljke i sol. Lagano pirjajte oko 45 minuta.

d) Dodajte vrhnje i pirjajte još nekoliko minuta. Ukrasite laticama cvijeća.

65. Juha od pupoljaka od graška i maslačka

SASTOJCI:

- 1 šalica sitnog graška
- 1 žličica soli
- 6 šalica vode
- 2 žlice maslaca
- 4-5 češnja češnjaka, nasjeckanog
- 1/2 šalice luka, nasjeckanog
- 1/2 šalice celera, tanko narezanog
- 2 šalice pupoljaka maslačka
- 1/2 žličice bosiljka
- 1/2 žličice kadulje
- 1/2 žličice slanog ukusa
- 1 šalica mlijeka
- 1-2 šalice sira narezanog na kockice

Ukrasiti:
- Latice cvjetova maslačka

UPUTE:

a) Kuhajte grašak u 6 šalica vode sa soli 1½ do 2 sata dok ne bude gotov.
b) U zasebnoj tavi pirjajte češnjak, luk, celer i pupoljke maslačka na maslacu dok ne omekšaju.
c) U smjesu za pirjanje dodajte bosiljak, kadulju i so.
d) Pomiješajte pirjano povrće s juhom od kuhanog graška. Lagano pirjajte oko 30 minuta.
e) Neposredno prije posluživanja umiješajte mlijeko i sir izrezan na kockice dok se sir ne otopi.
f) Prije posluživanja ukrasite laticama cvjetova maslačka.

66. Juha od bundeve i maslačka

SASTOJCI:

- 1 velika šaka zelenila maslačka
- 1 manja bundeva
- 1 srednja do velika glavica luka, nasjeckana
- 1 ½ žličice soli
- 2 žlice maslac ili maslinovo ulje
- 6 češnja češnjaka, nasjeckanog
- 6 šalica vode
- 1 šalica gustog vrhnja
- ½ žličice muškatnog oraščića

UPUTE:

a) Listove maslačka nasjeckajte na komadiće veličine zalogaja. Kuhati u kipućoj vodi dok ne omekša. Ocijedite i kušajte. Ako je previše gorak, ponovite postupak kuhanja i cijeđenja.

b) Pecite cijelu bundevu na limu za pečenje na 350°F oko 1 sat ili dok potpuno ne omekša. Pustite da se ohladi, a zatim ga prerežite na pola i uklonite sjemenke. Ogulite koru.

c) U loncu za juhu s debelim dnom pirjajte nasjeckani luk i nasjeckani češnjak na ulju ili maslacu dok ne omekšaju.

d) Dodajte 6 šalica vode u lonac s pirjanim lukom i češnjakom. U lonac dodajte kuhano zelje maslačka i zgnječenu bundevu. Dobro promiješati. Posolite. Kuhajte na laganoj vatri 30 minuta.

e) Neposredno prije posluživanja umiješajte 1 šalicu vrhnja i ½ žličice muškatnog oraščića. Po potrebi prilagodite začine.

DESERT

67. Jagoda Bavarois sa želeom od čička

SASTOJCI:
ZA BAVAROIS OD JAGODA:
- 500 g svježih zrelih jagoda, oljuštenih i opranih
- 50 g šećera u prahu
- 120 g šećera
- 50 ml hladne vode
- 3 žumanjka
- 2 listića želatine, procvala
- 200 g pirea od jagoda, ohlađenih
- 300 ml vrhnja za šlag

ZA SLADOLED OD JAGODA:
- 250 g svježih vrlo zrelih jagoda, oljuštenih i opranih
- 150 ml duple kreme
- 75 ml mlijeka
- 75 g šećera

ZA ŽELE OD MASLAČKA I ČIČKA:
- 275 ml napitka od maslačka i čička
- 50 g šećera
- 2 listića želatine, procvala
- 25 g svježe mikro grančice mente, za ukrašavanje
- 20 g liofiliziranih komadića jagoda, za ukrašavanje

UPUTE:
a) Za pečene jagode za Bavarois:
b) Zagrijte pećnicu na 180°C/plinska oznaka 4, a lim za pečenje obložite papirom za pečenje koji se ne lijepi.
c) Jagode rasporedite po pripremljenom plehu, pospite šećerom u prahu i poprskajte sa 2 kašike hladne vode.
d) Jagode pecite 12-15 minuta dok ne omekšaju i dok se ne pojavi ružičasti sok. Potpuno ohladiti.

ZA SLADOLED OD JAGODA:
e) Sve sastojke za sladoled miksajte 1 minutu.
f) Umutiti u aparatu za sladoled ili zamrznuti uz povremeno miješanje.

ZA BAVARE:

g) Umutite šećer, vodu i žumanjke u kipućoj vodi 12 minuta dok ne postane gusto i blijedo.
h) Maknite s vatre, dodajte želatinu i miješajte dok se ne otopi. Ohlađenu kašu od jagoda umiješajte.
i) Prebacite u čistu zdjelu preko leda da se ohladi. Napola umutiti vrhnje i umiješati ga u smjesu od jagoda.
j) Prelijte bavarois smjesu preko pečenih jagoda u desertnim čašama i ostavite u hladnjaku 4 sata dok se ne stegne.
k) Za žele od maslačka i čička:
l) Napitak od maslačka i čička zagrijavajte sa šećerom dok se šećer ne otopi. Maknite s vatre i dodajte želatinu. Miješajte dok se ne otopi.
m) Procijedite smjesu u posudu i ostavite u hladnjaku 4 sata dok se ne stegne.

SERVIRATI:
n) Na vrh bavaroisa rasporedite pečene jagode koje ste sačuvali.
o) Između jagoda stavite male komadiće žela od maslačka i čička i u svaki desert dodajte kuglicu sladoleda od jagode.
p) Ukrasite mikro mentom i komadićima liofiliziranih jagoda. Poslužite odmah.

68. Nizozemska kukuruzna pita sa zelenilom maslačka

SASTOJCI:
- 6 jaja
- 1½ šalice pola-pola
- 4 kriške slanine
- 2 šalice zrna kukuruza, izrezanih s oko 3 klasja ili smrznutih
- 3 mladog luka, tanko narezana
- ½ šalice nasjeckanog zelenila maslačka
- ½ šalice nasjeckanog peršina
- Dash soli
- Natrljajte svježe mljevenim crnim paprom
- Maslac, za podmazivanje
- 1 šalica panko krušnih mrvica bez glutena
- 1 žlica maslinovog ulja

UPUTE:
a) Zagrijte pećnicu na 400°F.
b) U srednjoj zdjeli umutite jaja i dodajte pola i pola. Staviti na stranu.
c) Slaninu skuhajte, ocijedite i nasjeckajte na komade veličine zalogaja. Staviti na stranu.
d) Pomiješajte smjesu jaja s kukuruzom, slaninom, mladim lukom, zelenim maslačkom, peršinom, soli i paprom.
e) Maslacem obilato namažite tanjur za pitu od 10 inča, zatim ulijte smjesu od jaja.
f) Pomiješajte krušne mrvice s maslinovim uljem u malu zdjelu, a zatim ih rasporedite po vrhu.
g) Pecite 40 do 45 minuta, ili dok se jaja ne stvrdnu. Poslužite toplo.

69. Torta u cvijetu maslačka

SASTOJCI:
- 2 žličice praška za pecivo
- 2 šalice brašna
- 1½ žličice sode bikarbone
- 1 žličica cimeta
- 1 žličica soli
- 1 šalica šećera
- 1 šalica sirupa od cvjetova maslačka
- 1½ šalice ulja
- 4 jaja
- 2 šalice latica cvjetova maslačka
- 1 konzerva mljevenog ananasa
- ½ šalice oraha
- ½ šalice kokosa

GLAZURA
- Pakiranje krem sira od 18 oz, sobne temperature
- 1 šalica šećera u prahu
- 1 ili 2 žlice mlijeka

UPUTE:
a) Prosijati zajedno suhe sastojke. U posebnoj posudi umutite šećer, sirup od maslačka, ulje i jaja dok ne postanu kremaste.
b) Dodajte ananas, orahe i kokos, pa dobro promiješajte.
c) Umiješajte suhe sastojke u smjesu dok se dobro ne sjedine.
d) Ulijte tijesto u podmazan kalup za torte 9×13 i pecite na 350° oko 40 minuta.

70.Kolačići od šifona od maslačka

SASTOJCI:
- 1/2 šalice biljnog ulja
- 1/2 šalice meda
- 2 jaja
- 1 šalica brašna
- 1 šalica suhe zobi
- 1/2 šalice cvjetnih latica maslačka
- 1 žličica ekstrakta limuna
- Po želji: 1/2 šalice nasjeckanih oraha

UPUTE:
a) Zagrijte pećnicu na 375°F (190°C).
b) U velikoj zdjeli za miješanje pomiješajte biljno ulje, med i jaja. Miješajte dok se dobro ne sjedini.
c) U mokre sastojke dodajte brašno i zobene pahuljice i miješajte dok se sve dobro ne sjedini.
d) Nježno ubacite latice cvjetova maslačka i nasjeckane orahe (ako ih koristite), pazeći da su ravnomjerno raspoređeni po tijestu za kolačiće.
e) Žlicama stavljajte tijesto za kekse na obložen ili namašćen lim za kekse, ostavljajući razmak između svakog kolačića za premazivanje.
f) Pecite u prethodno zagrijanoj pećnici 10-15 minuta, ili dok kolačići ne porumene po rubovima.
g) Kada su pečeni, izvadite kolačiće iz pećnice i ostavite ih da se ohlade na plehu nekoliko minuta prije nego što ih prebacite na rešetku da se potpuno ohlade.
h) Uživajte u domaćim kolačićima od maslačka uz čašu mlijeka ili omiljeni topli napitak!

71.Kolačići od maslačka od kikirikija

SASTOJCI:

- ½ šalice maslaca, omekšalog
- 1 žličica ekstrakta vanilije
- ½ šalice maslaca od kikirikija
- 1 žličica sode bikarbone
- ½ šalice meda
- 1 šalica višenamjenskog brašna
- 1 jaje
- 1 šalica integralnog pšeničnog brašna
- ½ šalice latica maslačka (samo latice) slobodno pakiranih

UPUTE:

a) Zagrijte pećnicu na 400 stupnjeva. Limove za kolačiće obložite papirom za pečenje ili silikonskim podlogama za pečenje.
b) Prosijte zajedno brašno i sodu bikarbonu. Staviti na stranu.
c) Miješajte maslac, maslac od kikirikija i med dok ne postanu svijetli i pahuljasti. Tucite jaja i ekstrakt vanilije dok se potpuno ne sjedine. Dodajte prosijane suhe sastojke u smjesu maslaca i miješajte dok ne dobijete mekano tijesto. Savijte latice maslačka. Kapajte po pune žlice na pripremljeni lim za pečenje.
d) Pecite u prethodno zagrijanoj pećnici 13 do 15 minuta ili dok rubovi ne porumene.
e) Ohladite na rešetkama.

72. Kolačići od latica maslačka i limuna s keljom i limunom

SASTOJCI:
ZA KOLAČIĆE:
- ¼ šalice latica maslačka, opranih
- 2/3 šalice (150 ml) biljnog ulja
- 1/3 šalice (75 g) šećera u prahu
- 1 žličica ekstrakta vanilije
- 1 žlica soka od limuna
- ½ žličice limunove korice
- 1 šalica (80 g) zobi
- 1 šalica (115 g) višenamjenskog brašna
- 1 žličica praška za pecivo
- ¼ žličice soli

ZA KELJ OD LIMUNA:
- ½ žlice svježe ocijeđenog kelja
- 1/2 šalice (65 g) šećera u prahu
- 1 žlica soka od limuna

UPUTE:
a) Zagrijte pećnicu na 425°F (220°C). Limove za pečenje obložite papirom za pečenje.
b) Umiješajte ulje, šećer, vaniliju, limunov sok i koricu dok ne postane glatko. U posebnoj zdjeli pomiješajte zobene zobi, brašno, prašak za pecivo, sol i latice maslačka. Dodajte mokre sastojke suhim i promiješajte da se sjedine.
c) Žličice smjese stavljajte na obložene limove za pečenje. Lagano pritisnite stražnjom stranom vilice. Kuhajte 7-10 minuta ili dok ne počnu dobivati zlatnu boju.
d) Ohladite na limu 10 minuta, zatim prebacite na rešetku da se potpuno ohladi.
e) Za preljev od kelja i limuna:
f) Pomiješajte sve sastojke dok ne postanu glatki. Prelijte preko ohlađenih kolačića.

73. Kolačići od prhkog tijesta od maslačka

SASTOJCI:

- 1 šalica maslaca, omekšalog
- 1/2 šalice šećera
- 1/2 do 1 šalica latica maslačka (samo žuti dijelovi)
- 2 1/2 šalice brašna
- 1 prstohvat soli

UPUTE:

a) Zagrijte pećnicu na 325 stupnjeva Fahrenheita (165 stupnjeva Celzija).
b) U zdjeli za miješanje mikserom pomiješajte omekšali maslac i šećer dok ne postane svijetlo i pjenasto, oko 3 minute.
c) Dodajte latice maslačka u smjesu maslaca i šećera i tucite da se smjesa sjedini.
d) Postupno dodajte brašno i sol u smjesu, tukući da se potpuno sjedini. Tijesto će u početku možda biti mrvičasto, ali će se početi spajati.
e) Kad se doda svo brašno, tucite na niskoj brzini još oko minutu.
f) Rukama nježno mijesite tijesto dok ne postane kohezivna lopta.
g) Razvaljajte tijesto na željenu debljinu i izrežite oblike koristeći svoje omiljene kalupe za kekse.
h) Kolačiće stavite na pleh obložen papirom za pečenje.
i) Pecite kolačiće u prethodno zagrijanoj pećnici oko 20 do 25 minuta, ili dok ne počnu rumeniti s donje strane i budu potpuno pečeni s gornje strane.
j) Izvadite kolačiće iz pećnice i prebacite ih na rešetku za hlađenje. Ostavite ih da se potpuno ohlade prije uživanja.

74. Baklava od maslačka

SASTOJCI:

- 1/2 kutije fileo listova
- 1 štapić maslaca
- 2 šalice sitno nasjeckanih hickory oraha (također možete koristiti orahe ili pekan orahe)
- 1 žličica šećera
- 1/2 žličice cimeta
- 1/2 žličice muškatnog oraščića
- 3/4 šalice sirupa od cvijeta maslačka

UPUTE:

a) Zagrijte pećnicu na 375°F (190°C). Premažite maslacem posudu za pečenje 9x13 inča.
b) U zdjeli pomiješajte sitno nasjeckane orahe sa šećerom, cimetom i muškatnim oraščićem.
c) Rastopite komadić maslaca.
d) Položite 8 listova fila u maslacem premazanu posudu veličine 9x13 inča, premazujući svaki drugi list otopljenim maslacem četkom za tijesto.
e) Polovicu smjese orašastih plodova ravnomjerno pospite preko naslaganih listova fila.
f) Položite još 8 listova fila na smjesu orašastih plodova, a zatim ravnomjerno pospite preostalu smjesu orašastih plodova po tim listovima.
g) Preko naslažite ostatak filea, obilato premažite gornji sloj otopljenim maslacem.
h) Sastavljenu baklavu prije pečenja pažljivo izrežite oštrim nožem na 30 kvadrata (6x5).
i) Pecite u prethodno zagrijanoj pećnici oko 30 minuta ili dok ne porumene.
j) Nakon što baklava malo porumeni, izvadite je iz pećnice i odmah vruću baklavu prelijte sirupom od cvijeta maslačka sobne temperature dok je još vruća.
k) Ostavite baklavu da se potpuno ohladi u tepsiji prije posluživanja. Uživajte u ovom jedinstvenom zaokretu tradicionalne baklave s predivnim okusom sirupa od cvjetova maslačka!

75.Medeni kolač od maslačka

SASTOJCI:

- 2 šalice višenamjenskog brašna
- 1 šalica latica maslačka (svježih i temeljito opranih)
- 1 šalica meda
- 1 šalica granuliranog šećera
- 1 šalica neslanog maslaca, omekšalog
- 4 jaja
- 1 žličica ekstrakta vanilije
- 1 žličica praška za pecivo
- 1/2 žličice sode bikarbone
- 1/2 žličice soli
- 1 šalica mlaćenice

UPUTE:

a) Zagrijte pećnicu na 350°F (175°C). Namastite i pobrašnite tepsiju veličine 9x13 inča.
b) U zdjeli pomiješajte brašno, prašak za pecivo, sodu bikarbonu i sol. Staviti na stranu.
c) U drugoj posudi miksajte maslac, med i šećer dok ne postane svijetlo i pjenasto.
d) Tucite jaja, jedno po jedno, dok se dobro ne sjedine. Umiješajte ekstrakt vanilije.
e) Postupno dodajte suhe sastojke mokrim sastojcima, naizmjenično s mlaćenicom, i miješajte dok se ne sjedine. Pazite da ne premiješate.
f) Lagano uklopite latice maslačka.
g) Ulijte tijesto u pripremljenu tepsiju i ravnomjerno ga rasporedite.
h) Pecite u prethodno zagrijanoj pećnici 30-35 minuta ili dok čačkalica zabodena u sredinu ne izađe čista.
i) Ostavite kolač da se ohladi u kalupu 10 minuta prije nego što ga prebacite na rešetku da se potpuno ohladi. Kriške kolača poslužite po želji prelivene medom.

76. Maslačak limun pločice

SASTOJCI:
- 1 šalica višenamjenskog brašna
- 1/2 šalice šećera u prahu, plus još za posipanje
- 1/2 šalice neslanog maslaca, omekšalog
- 2 žlice svježih latica maslačka (opranih i temeljito osušenih)
- 1 šalica granuliranog šećera
- 2 žlice višenamjenskog brašna
- 1/2 žličice praška za pecivo
- Prstohvat soli
- 2 velika jaja
- Korica od 1 limuna
- 1/4 šalice svježeg soka od limuna

UPUTE:
a) Zagrijte pećnicu na 350°F (175°C). Namastite i obložite kalup za pečenje 8x8 inča papirom za pečenje, ostavljajući prepust sa strane za lakše uklanjanje.
b) U zdjeli pomiješajte brašno, šećer u prahu, omekšali maslac i latice maslačka. Miksajte dok ne postane mrvičasto.
c) Smjesu u ravnomjernom sloju utisnite na dno pripremljene posude za pečenje. Pecite 15-20 minuta, ili dok lagano ne porumeni.
d) Dok se kora peče pripremiti fil od limuna. U drugoj zdjeli pjenasto pomiješajte kristalni šećer, brašno, prašak za pecivo i sol.
e) Dodajte jaja, limunovu koricu i limunov sok suhim sastojcima i miješajte dok se dobro ne sjedine.
f) Na vruću koru preliti fil od limuna i vratiti tepsiju u rernu.
g) Pecite dodatnih 20-25 minuta ili dok se nadjev ne stegne i rubovi ne poprime laganu zlatnu boju.
h) Ostavite pločice da se potpuno ohlade u posudi na rešetki.
i) Kad se ohladi, vrh pospite šećerom u prahu. Izrežite na kvadrate i poslužite.

ZAČINI

77. Marmelada od maslačka

SASTOJCI:

- 2½ šalice šećera
- ¾ šalice svježe iscijeđenog soka od naranče
- 3 žlice naribane organske narančine korice
- 1½ šalice žutih latica cvjetova maslačka (većina zelenih komadića uklonjena)
- ¾ šalice vode
- 1 (1,75 unce) paket Sure-Jell pektina

UPUTE:
a) Stavite šećer, narančin sok, narančinu koricu i latice cvjetova maslačka u zdjelu procesora hrane ili blender.
b) Promiješajte nekoliko puta dok se dobro ne izmiješa.
c) U malom loncu za umake pomiješajte vodu i pektin na srednjoj vatri dok se dobro ne sjedine.
d) Pustite da prokuha 1 minutu (ništa manje). Ovaj korak je neophodan za stvaranje guste marmelade.
e) Maknite s vatre i odmah dodajte vrući pektin u mješavinu šećera dok procesor ili blender rade.
f) Marmelada se jako brzo stegne. Pripremite 4 sterilizirane staklenke i poklopce za punjenje, zatvaranje i hlađenje.
g) Poslužite na tostu za doručak ili kao glazuru za pileća prsa.

78. Pesto od svježeg maslačka

SASTOJCI:
- 2 šalice zelenila maslačka
- 1/2 šalice maslinovog ulja
- 1/2 šalice ribanog parmezana 2 žličice protisnutog češnjaka
- sol po ukusu (po želji)
- 1 prstohvat crvene paprike ili po ukusu (po želji)

SASTOJCI:
a) U sjeckalici dodajte sve sastojke i miksajte dok smjesa ne postane glatka.

79. Sirup od cvijeta maslačka

SASTOJCI:
- 1 litra cvjetova maslačka
- 1 litra (4 šalice) vode
- 4 šalice šećera
- 1/2 limuna ili naranče (organske ako je moguće), nasjeckane (kora i sve) - po želji

UPUTE:
a) Stavite cvjetove maslačka i vodu u lonac. Neka smjesa samo zavrije, zatim isključite vatru, pokrijte lonac i ostavite da odstoji preko noći.
b) Sutradan smjesu procijedite da odvojite tekućinu od istrošenih cvjetova. Pritisnite cvjetove kako biste izvukli što više tekućine.
c) U procijeđenu tekućinu dodajte šećer i narezane citruse (ako koristite).
d) Smjesu polako zagrijavajte u loncu, povremeno miješajući, nekoliko sati ili dok se ne reducira do gustog sirupa poput meda. To može potrajati, stoga budite strpljivi i nastavite povremeno miješati kako biste spriječili da zagori.
e) Nakon što je sirup postigao željenu gustoću, maknite ga s vatre.
f) Stavite sirup u staklenke od pola litre ili 1 litre za pohranu. Obavezno slijedite odgovarajuće postupke konzerviranja kako biste bili sigurni da su staklenke dobro zatvorene.
g) Uživajte u svom domaćem sirupu od cvjetova maslačka kao zaslađivaču u raznim receptima ili ga poklonite kao pažljiv domaći dar tijekom blagdana.

80. Žele od maslačka s medom

SASTOJCI:
- 1 šalica (oko 100 cvjetova) latica maslačka
- 1¾ šalice vode
- 1 šalica meda ili 2 šalice organskog ili ne-GMO šećera
- 1½ žličice soka od limuna

UPUTE:
a) Nakon što ste skupili maslačke, operite ih i uklonite im peteljke tako da ostane samo cvijet.
b) Potrebno je ukloniti zelenu bazu cvijeta; žute latice sačuvat ćemo za žele. Najlakši način za uklanjanje latica je da otkinem bazu cvijeta, otvorim cvijet, izvadim žute latice i stavim ih u mjernu posudu.
c) Gotovo je nemoguće ne pomiješati dio zelenog dijela s laticama jer će vam prsti postati ljepljivi. Malo zelenog pomiješano neće utjecati na okus, ali dajte sve od sebe da razdvojite to dvoje.
d) Uklonite latice sa zelene podloge.
e) Zatim, u srednje tavu za umak, dodajte latice maslačka u vodu i kuhajte 10 minuta. Ostavite posudu da se ohladi, prebacite u staklenu zdjelu i pokrijte preko noći. Mješavina maslačka može se ostaviti na sobnoj temperaturi.
f) Prokuhajte i ostavite da se ohladi preko noći.
g) Nakon što su se latice namočile preko noći, upotrijebite fino mrežasto cjedilo kako biste odvojili tekućinu maslačka od latica. Stražnjom stranom žlice utisnite latice u cjedilo kako biste iz njih uklonili dodatnu tekućinu. U loncu srednje veličine zagrijte tekućinu od maslačka, med ili šećer i sok od limuna i pustite da prokuha. Slijedite upute na pakiranju za dodavanje pektina. Nakon što ste dodali pektin, isključite vatru i započnite sljedeći korak.
h) Procijedite latice od tekućine.
i) Vrući žele sipati u tople pripremljene staklenke. Upotrijebite lijevak za siguran prijenos želea, ostavljajući ¼ inča slobodnog prostora.
j) Obrišite rubove staklenki navlaženim, čistim ručnikom koji ne ostavlja dlačice ili papirnatim ručnikom i ponovno suhim ručnikom.

k) Postavite poklopac za konzerviranje na staklenku i okrećite prsten dok ne prilegne na staklenku. Staklenke stavite u posudu za kuhanje u vodenoj kupelji i poklopite poklopcem. Nakon što voda zavrije, pokrenite mjerač vremena i kuhajte u vodenoj kupelji 10 minuta.

l) Pažljivo izvadite staklenke iz vodene kupelji pomoću hvataljki za konzerviranje i stavite staklenke na površinu obloženu ručnikom 12 sati bez dodirivanja.

m) Nakon 12 sati uklonite prstenove staklenki i provjerite jesu li svi poklopci čvrsto zatvoreni na staklenkama, zatim označite staklenke i datirajte ih. Stavite u hladnjak nakon otvaranja.

81. Gorušica od maslačka

SASTOJCI:
- 1 šalica žutih sjemenki gorušice (cijela)
- 1/2 šalice sirupa od cvjetova maslačka
- 3 češnja češnjaka, nasjeckana
- 1 1/4 šalice octa od maslačka
- 1 šalica pasiranog svježeg lišća maslačka
- 3/4 žličice soli

UPUTE:
a) Namočite sjemenke gorušice u octu od maslačka nekoliko sati ili preko noći.
b) Namočenim sjemenkama gorušice dodajte nasjeckani češnjak, sirup od cvijeta maslačka, pasirano povrće maslačka i sol.
c) Sve sastojke dobro promiješajte i ostavite nekoliko dana u poklopljenoj posudi da se omekšaju.
d) Nakon nekoliko dana smjesu senfa prebacite u male staklenke. (1/4 pince dobro funkcionira)
e) Staklenke senfa čuvajte u hladnjaku gdje će se dobro čuvati mjesecima. Alternativno, možete ga konzervirati u kipućoj vodenoj kupelji 10 minuta da se zatvori.

82. Vinaigrette od maslačka

SASTOJCI:
- 1 1/2 šalice maslinovog ulja
- 3/4 šalice octa od maslačka (pripremljenog prema gornjem receptu)
- 4 češnja češnjaka
- 1/2 žličice soli
- 2 žlice senfa od maslačka (ili dijon senfa)
- 3 žlice sirupa od cvijeta maslačka
- 2 šalice svježeg, nasjeckanog lišća maslačka

UPUTE:
a) Pomiješajte sve sastojke (osim zelenila maslačka) u blenderu ili procesoru hrane.
b) Miješajte dok se dobro ne sjedini i postane glatko.
c) Prije posluživanja pomiješajte nasjeckano povrće maslačka s pripremljenim vinaigretteom.
d) Uživajte u svom ukusnom vinaigretu od maslačka poslušenom uz svježe salate ili kao marinada za grilano povrće i meso!

83. Žele od maslačka

SASTOJCI:
- 4 šalice cvjetnih latica maslačka, uklonjeni zeleni komadići
- 4 šalice vode
- 1 žlica soka od limuna
- 1 kutija Sure-Jell pektina u prahu
- 4 1/2 šalice šećera

UPUTE:
a) Stavite latice cvijeta maslačka u lonac i dodajte vodu. Pustite da zavrije i zatim smanjite na laganoj vatri. Pustite da lagano kuha 10 minuta, zatim ugasite vatru i ostavite da se lonac ohladi.
b) Upotrijebite vrećicu želea ili filter za kavu da procijedite cvijeće iz vode. Potrebne su vam 3 šalice infuzije maslačka, ali možete imati još malo.
c) U velikom loncu pomiješajte infuziju maslačka, limunov sok i pektin u prahu. Umutiti zajedno i dovesti ovu smjesu do vrenja.
d) Dodajte sav šećer odjednom uz stalno miješanje i vratite smjesu da zavrije. Prokuhajte 1 minutu.
e) Žele maknite s vatre, skinite pjenu s vrha i ulijte u vruće sterilizirane staklenke.
f) Pokrijte staklenke i stavite ih u vodenu kupelj 10 minuta.

84. Pesto od bučinih sjemenki maslačka

SASTOJCI:
- 3/4 šalice neslanih oljuštenih (zelenih) sjemenki bundeve
- 3 češnja češnjaka, mljevena
- 1/4 šalice svježe ribanog parmezana
- 1 vezica zelenila maslačka (oko 2 šalice, labavo pakirano)
- 1 žlica soka od limuna
- 1/2 šalice ekstra djevičanskog maslinovog ulja
- 1/2 žličice košer soli
- Crni papar, po ukusu

UPUTE:
a) Zagrijte pećnicu na 350°F. Raširite sjemenke bundeve na plitki lim za pečenje i pecite dok ne zamiriše, oko 5 minuta. Izvadite iz pećnice i ostavite da se ohladi.
b) U zdjeli procesora hrane izmiksajte češnjak i sjemenke bundeve dok se ne usitne.
c) U sjeckalicu dodajte parmezan, zelje maslačka i limunov sok. Obrađivati kontinuirano dok se ne sjedini. Povremeno zaustavite procesor kako biste ostrugali stijenke posude. Napomena: pesto će biti vrlo gust i možda će ga biti teško obraditi nakon nekog vremena, ali to je u redu.
d) S uključenim multipraktikom polako ulijevajte maslinovo ulje i kuhajte dok pesto ne postane gladak.
e) Posolite i popaprite po ukusu i još nekoliko puta promiješajte da se sjedini.

85. maslačak med maslac

SASTOJCI:
- 1/2 šalice neslanog maslaca, omekšalog
- 2 žlice latica maslačka (opranih i temeljito osušenih)
- 2 žlice meda

UPUTE:
a) U zdjeli za miješanje pomiješajte omekšali maslac, latice maslačka i med.
b) Miješajte dok se latice maslačka ravnomjerno ne rasporede po maslacu.
c) Maslac s medom od maslačka premjestite u zdjelu za posluživanje ili ga pomoću papira za pečenje oblikujte u cjepanicu.
d) Ohladite maslac u hladnjaku dok se ne stegne. Poslužite ohlađeno ili na sobnoj temperaturi.

86. Maslačak Chimichurri

SASTOJCI:

- 1 šalica svježeg lišća maslačka (opranog i nasjeckanog)
- 1/4 šalice svježeg lišća peršina
- 2 češnja češnjaka, mljevena
- 1/4 šalice maslinovog ulja
- 2 žlice crvenog vinskog octa
- 1 žličica sušenog origana
- Posolite i popaprite po ukusu

UPUTE:

a) U sjeckalici ili blenderu pomiješajte zelje maslačka, peršin, češnjak, maslinovo ulje, crveni vinski ocat i sušeni origano.
b) Pulsirajte dok smjesa ne postigne željenu konzistenciju.
c) Začinite solju i paprom po ukusu. Po potrebi prilagodite začine.
d) Prebacite chimichurri od maslačka u zdjelu za posluživanje i ostavite da odstoji najmanje 15 minuta prije posluživanja kako bi se okusi stopili.

87.Ocat od cvijeta maslačka

SASTOJCI:
- 1 šalica cvjetova maslačka (opranih i temeljito osušenih)
- 2 šalice octa (kao što je jabučni ocat ili bijeli vinski ocat)

UPUTE:
a) Cvjetove maslačka stavite u čistu staklenu teglu.
b) Zagrijte ocat u loncu do malo prije vrenja.
c) Vrućim octom prelijte cvjetove maslačka u staklenci tako da ih potpuno prekrijete.
d) Zatvorite staklenku poklopcem i ostavite na hladnom i tamnom mjestu najmanje 2 tjedna da se ulije.
e) Nakon 2 tjedna procijedite ocat kako biste odstranili cvjetove maslačka. Ocat od cvijeta maslačka premjestite u čistu bocu ili staklenku za čuvanje.

88. Složeni maslac od latica maslačka

SASTOJCI:
- 1/2 šalice neslanog maslaca, omekšalog
- 1/4 šalice latica maslačka (opranih i temeljito osušenih)
- 1 žlica soka od limuna
- Korica od 1 limuna
- Posolite po ukusu

UPUTE:
a) U zdjeli za miješanje pomiješajte omekšali maslac, latice maslačka, limunov sok, limunovu koricu i sol.
b) Miješajte dok se latice maslačka ravnomjerno ne rasporede po maslacu.
c) Žlicom nanesite maslac od latica maslačka na komad plastične folije ili pergament papira.
d) Razvaljajte maslac u oblik cjepanice i uvrnite krajeve da se zatvore.
e) Ohladite maslac u hladnjaku dok se ne stegne. Narežite i poslužite na mesu sa žara, povrću ili kruhu.

SMOTHIJI I KOKTELI

89. Čaj od maslačka

SASTOJCI:
- 1 šalica pečenog korijena maslačka
- 6 žlica sjemenki komorača ili anisa
- 36 zelenih mahuna kardamoma
- 72 Klinčići
- 6 štapića cimeta
- 2 žlice suhog korijena đumbira
- 1½ žličice crnog papra u zrnu
- 12 listova lovora

UPUTE:
a) Dodajte 1 žlicu čajne mješavine na svaku šalicu vode. Kuhajte 5 minuta, zatim ostavite da se kuha 10 minuta.
b) Dodajte 1 žlicu meda ili smeđeg šećera (ili sirupa od maslačka) po šalici.
c) Dodajte 2 žlice mlijeka ili vrhnja po šalici. Lagano zagrijte i poslužite.

90.Pivo od maslačka i čička

SASTOJCI:
- 1 lb mlade koprive
- 4 oz. Listovi maslačka
- 4 oz. Korijen čička, svjež, narezan -ILI- 2 oz. Osušeni korijen čička, narezan
- 1/2 oz. Korijen đumbira, natučen
- Po 2 limuna
- 1 g vode
- 1 lb +4 t. meki smeđi šećer
- 1 oz. Krema od tartara
- Pivski kvasac (za količinu pogledajte upute proizvođača)

UPUTE:
a) U veću šerpu stavite koprivu, listove maslačka, čičak, đumbir i tanko narezane kore limuna. Dodajte vodu.
b) Zakuhajte i kuhajte 30 min.
c) Stavite limunov sok od limuna, 1 lb šećera i kremu od tartara u veliku posudu i ulijte tekućinu kroz cjedilo, dobro pritiskajući koprivu i ostale sastojke.
d) Miješajte da se šećer otopi.
e) Ohladite na sobnu temperaturu.
f) Uspite kvasac.
g) Pokrijte pivo i ostavite da fermentira na toplom mjestu 3 dana.
h) Odlijte pivo i flaširajte ga, dodajući t. šećera po pola litre.
i) Ostavite boce na miru dok pivo ne postane bistro - oko 1 tjedan.

91. Sok od vrtnog zelenila

SASTOJCI:
- 2 šake lišća kelja
- 2 lista blitve
- 1 velika šaka listova špinata
- ½ krastavca
- 1 mala zelena tikvica
- 3 stabljike celera
- 2 lista maslačka (velika)
- 2 stabljike svježeg mažurana
- malo soka od limuna (po želji)

UPUTE:
a) Operite svo povrće i začinsko bilje, ocijedite sok i dobro izmiješajte.
b) Po želji dodajte limunov sok po ukusu ili,
c) ako više volite snažniji okus limuna, dodajte osminu limuna (poželjno organski) i dobro promiješajte dok se ne sjedini.

92. Smoothie s maslačkom i bosiljkom

SASTOJCI:
- ½ žličice cimeta
- 1 žlica pečenog korijena maslačka
- 1 žličica korijena ashwagandhe u prahu
- 1 žličica praha svetog bosiljka
- 2 šalice mlijeka od oraha
- 5-7 kockica leda

UPUTE:
a) Pomiješajte sastojke u glatku konzistenciju.

93.Still Room Amaro

SASTOJCI:

- 1 žličica suhih cvjetova kamilice
- 1 žličica suhih sjemenki komorača
- 3 cijela klinčića
- 2 žlice prženih oraha
- 1 naranča, po mogućnosti organska
- 1 žlica suhog korijena maslačka
- 1 žlica mljevene svježe metvice
- 1 žlica mljevenog svježeg ružmarina
- 1 žlica mljevene svježe kadulje
- 1 mahune vanilije
- ½ žličice korijandera
- 3 šalice votke ili Everclear (100 do 150 dokaza najbolje je za ekstrakciju smole i gorkih spojeva)
- 1 šalica vode
- 1 šalica šećera

UPUTE:

a) Stavite kamilicu, sjemenke komorača, klinčiće i pržene orahe u papirnatu vrećicu i nekoliko puta udarite valjkom za tijesto. Stavite izmrvljene začine i orašaste plodove u staklenku veličine litre.
b) Gulilicom za povrće uklonite koru s naranče (bez bijele srži) i narežite je na tanke trakice.
c) U staklenku dodajte koricu naranče, korijen maslačka, metvicu, ružmarin, kadulju i mahune vanilije.
d) Dodajte votku ili Everclear. Promiješajte, poklopite i naljepite sa sadržajem i datumom. Ostavite da se uliti na tamnom mjestu 6 tjedana. Označite 6 tjedana unaprijed na svom kalendaru kako ne biste zaboravili procijediti.
e) Nakon 6 tjedana procijedite tekućinu kroz fino cjedilo u čistu staklenku od 1 litre. Odbacite krutine.
f) Napravite jednostavan sirup zagrijavanjem vode i šećera zajedno na srednjoj vatri dok se šećer ne otopi.
g) Dodajte topli sirup (ili zamjenu za med ili javorov sirup) u koracima od ¼ šalice u votku s biljem, temeljito miješajući i kušajući dok idete dok ne dobijete pravu kombinaciju gorkog i slatkog za svoj ukus.
h) Amaro će s godinama biti sve bolji i bolji.

94. Lišće artičoke i sok od komorača

SASTOJCI:
- 1 žličica lišća artičoke, sitno nasjeckanog
- 1 srednja lukovica komorača
- 4 svježa lista maslačka
- 4 stabljike celera
- 1/2 tikvice

UPUTE:
a) Sve sastojke ocijedite, dobro promiješajte i popijte.
b) Ako smatrate da je sok pretjerano gorak, razrijedite ga s malo mineralne vode dok ne postane ukusan.

95.Začinjeni moktel od ananasa i rikule

SASTOJCI:

- 4 mala habanero čilija
- 4 žlice meda
- 1 prstohvat mljevenog muškatnog oraščića
- 1 funta listova maslačka
- 1 funta listova rikule
- 8 unci soka od ananasa

UPUTE:

a) U loncu zagrijte habanero s medom, muškatnim oraščićem i 4 unce vode dok smjesa ne postane gusta.
b) Pomiješajte mješavinu habanera, listove maslačka, rikulu, sok od ananasa i 4 unce vode dok ne postane glatko.
c) Procijedite i stavite u hladnjak dok se ne ohladi.
d) Smjesu ulijte u 4 čaše i odmah poslužite.

96.Limunada od maslačka

SASTOJCI:
- 1 šalica latica maslačka (samo žuti dijelovi)
- 1 šalica svježe iscijeđenog soka od limuna
- 1/2 šalice meda
- 4 šalice vode
- Kocke leda

UPUTE:
a) Pomiješajte latice maslačka, limunov sok, med i vodu u vrču.
b) Miješajte dok se med ne otopi.
c) Stavite u hladnjak na nekoliko sati.
d) Poslužite preko leda. Jedinstvena i cvjetna limunada!

97.Bradbury Vino od maslačka

SASTOJCI:

- 6-8 šalica maslačaka, lagano upakiranih
- 1 galon vode
- 3 lbs. šećera ili 3½ lbs. med
- 1 žličica hranjivo za kvasac
- ¼ žličice tanin
- 3 žličice mješavina kiselina ili sok od 2 svježa limuna
- 1 Campden tableta, smrvljena (po izboru)
- 1 paket kvasca za šampanjac ili Montrachet

UPUTE:

a) Maslačak berite na području koje nije zagađeno ispušnim plinovima automobila ili pasa. Ovo možda neće biti lako, jer maslačci vole neravno tlo poput rubova cesta. Budite sigurni da maslačak nije poprskan herbicidom.

b) Skupite ovo i sve cvijeće kada je u punom cvatu i jutarnja rosa se osuši. Tada je miris najbolji.

c) Nekako ih je zamorno birati jer su nisko prizemljeni, ali stavite jastučiće za koljena i krenite. Vino se isplati.

d) Većina ljudi ne shvaća koliko su maslačci mirisni. Oni su moj omiljeni cvijet.

e) Nakon što ih uberete, uklonite im sve zelene dijelove, posebno peteljku koja je gorka. Preradite ih što prije, bez pranja, kako biste sačuvali nježan miris. Vino neće biti žuto. Mnogi ljudi misle da bi tako trebalo biti, ali nije. Zapravo, boja uopće nije prekrasna. Okus je.

f) Vino od maslačka čuvajte godinu dana prije nego što ga popijete. Sviđa mi se suho suho suho. Stabilizirajte se i zasladite ako mislite da ćete se zbog toga osjećati drugačije. Čitajte knjige gospodina Bradburyja, ali budite oprezni kada s njim dijelite dizalo.

98. Minty Green Raspberry Smoothie

SASTOJCI:
- 1½ šalice zelenila maslačka
- ¼ šalice nasjeckane mente
- 2½ šalice smrznutih malina
- 2 Medjool datulje bez koštica (namočene i omekšane)
- 2 žlice mljevenog lanenog sjemena
- ½ šalice vode

UPUTE:
a) Počnite s vodom, zatim dodajte sve sastojke i miješajte dok se ne sjedine.

99. Začinjeni sok od zelenila maslačka

SASTOJCI:
- 1 lukovica radiča
- 1 vezica zelenila maslačka
- 1 vezica svježeg cilantra
- 1 limeta
- Malo kajenskog papra

UPUTE:
a) Obradite sastojke u svom sokovniku u skladu s uputama proizvođača.

100.Ukusan tropski smoothie

SASTOJCI:
- ½ šalice smrznutog kivija
- ½ šalice smrznute papaje
- 1 šalica smrznutog manga
- 1 šalica smrznutog ananasa
- 1 šalica mikrozelenja maslačka
- 1 šalica svježeg soka od naranče

UPUTE:
a) Pomiješajte sve sastojke u blenderu i miksajte dok ne dobijete glatku smjesu.

ZAKLJUČAK

Dok završavamo naše putovanje kroz svijet kuhinje s maslačkom, nadam se da ste nadahnuti da istražite divlju stranu kuhanja i prihvatite kulinarski potencijal ovog skromnog, ali svestranog sastojka. "POTPUNA KUHARICA O MASLAČKU" izrađena je sa strašću prema zdravoj, održivoj kuhinji, slaveći ljepotu i obilje prirodnih darežljivosti.

Dok nastavljate svoje kulinarske avanture, sjetite se da su maslačci više od korova – oni su hranjivi i ukusni sastojci koji čekaju da budu otkriveni. Bilo da uživate u živahnoj salati od maslačka, pijuckate osvježavajući čaj od maslačka ili se prepuštate dekadentnom desertu od maslačka, neka svaki zalogaj bude proslava bogatstva i raznolikosti prirodnog svijeta.

Hvala vam što ste mi se pridružili na ovom kulinarskom putovanju. Neka vaša kuhinja uvijek bude ispunjena kreativnošću, vaši obroci uvijek zdravi, a vaša zahvalnost divljoj strani kuhinje i dalje raste. Do ponovnog susreta, sretno kuhanje i bon appétit!

www.ingramcontent.com/pod-product-compliance
Lightning Source LLC
Chambersburg PA
CBHW072050110526
44590CB00018B/3110